英検2級
英単語
スピードマスター

出る順！
ゼッタイ合格の
1500語

柴山かつの
Shibayama Katsuno

Jリサーチ出版

英検2級受験者へのメッセージ

頻出単語・表現を「出る順」で覚える

　英検合格の大きなポイントはやはり語彙力です。しかし、試験準備の中で、どういった単語をどのくらい覚えればいいのか、それは受験者共通の悩みであるに違いありません。本書はそんな悩みを解消し、合格を引き寄せる語彙集です。

　本書は英検2級合格に必要な単語（動詞、名詞、形容詞・副詞、イディオム、重要構文、会話表現、分野別語句）を約1500語句収録しています。

　本書の作成においては、まず過去15年間の出題単語を分析・抽出し、さらに新傾向になった2003年以降の単語（二次試験の面接カードを含む）を徹底分析して選び出しました。そして最後に、今後出題が予想される単語を追加して、収録語を決定しました。

　第1章〜4章（動詞、名詞、形容詞・副詞、イディオム）については、「最重要 ★★★」「重要 ★★」「応用 ★」というように、出題されやすい順に単語を配列しました。特に「最重要単語」と「重要単語」は英検2級の「大問1」と「大問3」の穴うめ問題に出題頻度が高い語彙を含んでいます。「応用単語」は「大問4」の長文読解問題に出題されやすい単語が多く収録されています。

　また、本書には類書にない大きな特徴が2つあります。単語集でありながらも、①「大問2」に出題される重要構文を網羅している（第5章）、②出題されやすいテーマの分野別語句を長文の中で紹介している（第7章）点です。

例文も英検2級の傾向を踏まえた実戦的なものを作成しています。例文はすべてCDに収録されているので、耳からもしっかり学習してください。リスニング力の強化も同時にはかれます。

英検2級に合格して、夢の扉を開こう

　英検2級に合格すると、高校・短大・大学などの入試において合格判定で優先される、内申書に加算される、高校で単位認定される、などの優遇措置が受けられます。

　また、アメリカの100以上の大学で語学力証明資格として認定されるようになり、近年その認定校がオーストラリア、カナダ、ニュージーランド、イギリスなどの国々でも増加しています。難しいTOEFLなどの試験を受けるよりも、英検2級に合格して留学するほうが夢を早く実現することができるでしょう。

　英検2級には、オフィスで使う英語や、現代社会をテーマにした読解問題も出題されるので、社会人の学習者にも役立つ内容といえます。

　本書は「短時間で効率的に実力がつく」単語集と自負しております。本書を活用して、ぜひ英検2級合格を勝ち取ってください。
　読者の皆さん、一緒にがんばりましょう！

著者

Contents

英検2級受験者へのメッセージ ... 2
英検2級の内容とボキャブラリーの特徴 ... 6
英検2級英単語をマスターする5つの戦略 ... 8
本書の利用法 ... 10

第1章　動詞　300語 ... 13
最重要動詞　★★★ ... 14
重要動詞　★★ ... 33
応用動詞　★ ... 51

第2章　名詞　300語 ... 69
最重要名詞　★★★ ... 70
重要名詞　★★ ... 88
応用名詞　★ ... 106

第3章　形容詞・副詞　180語 ... 125
最重要形容詞・副詞　★★★ ... 126
重要形容詞・副詞　★★ ... 137
応用形容詞・副詞　★ ... 148

第4章　イディオム　320熟語 ... 159
最重要イディオム　★★★ ... 160
重要イディオム　★★ ... 177
応用イディオム　★ ... 194

第5章	**基本構文**	105表現	215
第6章	**会話表現**	75表現	239
第7章	**分野別語句**	266語句	251

INDEX ………………………………………………………………………… 272

● Column
接尾辞を使いこなそう ……………………………… 123
語源を使いこなそう ………………………………… 214

● One-Point Lesson
①動詞 …… 68　②名詞 …… 87　③副詞 …… 158
④イディオム …… 193　⑤基本構文 …… 238
⑥会話表現 …… 250　⑦分野別語句 …… 270

Introduction①
英検2級の内容とボキャブラリーの特徴

一次試験の内容

　英検2級の試験は一次試験と二次試験（面接）に分かれています。一次試験は、筆記75分、リスニング25分の合計100分です。

　筆記は4つの大問から構成されています。大問1には語彙・文法・会話表現の力が試される穴うめ問題が20問、大問2には英作文力が試される並べ替え問題が5問、大問3には長文の中で語彙力が試される穴うめ問題が8問、大問4には長文を読み質問に答える読解問題（Eメールを含む）が12問あります。

　リスニングは会話問題15問と長文問題15問に分かれており、大学入試のセンター試験にも相通じる内容です。

二次試験の内容

　二次試験は「英文 + イラスト」の音読とそれに関連する質問など7分間の質疑応答が行われます。

　はじめに簡単な挨拶程度の日常会話があります。それから「英文 + イラスト」の書かれた問題カードが試験官より手渡されます。受験生は20秒間、問題カードを黙読し、それから音読します。「英文 + イラスト」の文は60語程度の英文です。それについて、面接官からの4つの質問に英語で答えます。

2級合格に求められる語彙力

　英検2級合格には高校卒業程度の語彙力が求められます。

　まずは、すべての基礎になる「動詞」「名詞」「形容詞・副詞」「イディ

オム」をしっかりと攻略するようにしましょう。本書では、出題頻度や重要度を考慮して、できるかぎり「でる順」の配列をとりました。

　また、穴うめ問題や並び替え問題、リスニングに対応できるように、「基本構文」「会話表現」のコーナーで、重要な表現を一気にマスターできるようにしています。

　読解問題においては、環境・自然、健康、旅行、学校生活、社会生活のテーマの文章がよく出題されますが、最近の傾向としてビジネス関連の文章が目立ってきました。本書ではこれらテーマ別の単語は、第7章「分野別語句」で強化できるようにしています。

　また、本書の収録語・表現は、一次試験だけでなく、二次の面接試験まで役立つものとなっています。

　英検2級の頻出語は、大学入試や日常会話でも使う基本的なものばかりです。本書の収録語・表現が、英検を越えて幅広く役立つものであることを付記しておきます。

■英検2級一次試験の内容

筆　記（45問・75分）		計45点
大問1	短文または会話文の穴うめ問題	20問 × 1点
大問2	短文または会話文の並べ替え問題	5問 × 1点
大問3	長文の穴うめ問題	8問 × 1点
大問4	長文の内容把握問題	12問 × 1点
リスニング（30問・25分）		計30点
大問1	会話文の内容に関する問題	15問 × 1点
大問2	文の内容に関する問題	15問 × 1点

Introduction②
英検2級英単語をマスターする5つの戦略

　英検2級の単語学習を進めるときのポイントを簡単にまとめました。学習のヒントとして活用してください。

戦略1　焦点を絞って集中する

　試験準備学習には時間の制約があるので、単語も効率的に覚えるのがベスト。本書は過去の問題を分析して、頻出のものを中心に選んでいる。本書収録の単語・表現を集中してマスターすれば、自ずと結果はついてくる。

戦略2　CDを使って耳から覚えよう

　「最重要単語」は基本的には例文の暗記が理想だ。また、「イディオム」と「会話表現」はリスニング問題で出題されるので、例文で覚えるのが基本と言える。イディオムは速く発音されるので聞き取りの慣れも必要。CDを活用して耳から覚えよう。

戦略3　声に出し、手で書いて覚えよう

　単語をしっかり定着させる秘訣は、カラダ全体を使って覚えることだ。目で見て耳で聞いたら、次は自分で声に出して言ってみよう。そして、最後は手を使って単語を書いてみよう。ここまですれば単語は完全にあなたのものになる。

戦略 4　派生語・関連語も一緒に覚えよう

　複数の単語を一緒に覚えると、学習の効率が高くなる。本書では、各単語にできるかぎり重要な派生語を併記している。また、似通った意味・用法の単語は隣や近い位置に配置してある。

＊派生語を作る接尾辞に関しては123ページを参照してください。

戦略 5　試験問題の傾向に合わせよう

　語彙学習には4つのステップがある。「見てわかる」→「聞いてわかる」→「語法がわかる」→「使いこなせる」である。「大問1」から「大問3」では「語法がわかる」、「大問4」では「見てわかる」、リスニング問題では「聞いてわかる」ことが問われる。

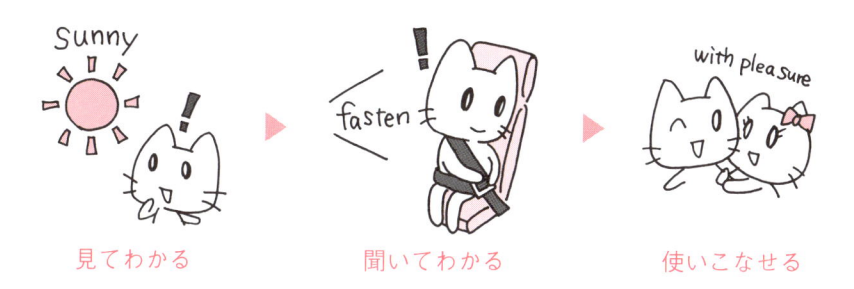

見てわかる　▶　聞いてわかる　▶　使いこなせる

本書の利用法

本書は「英検2級」合格をめざす受験者が、頻出の単語を短時間で効率的に覚えられるように作成された単語集です。全部で7つの章で構成されています。

単語集のページ（第1～4章）

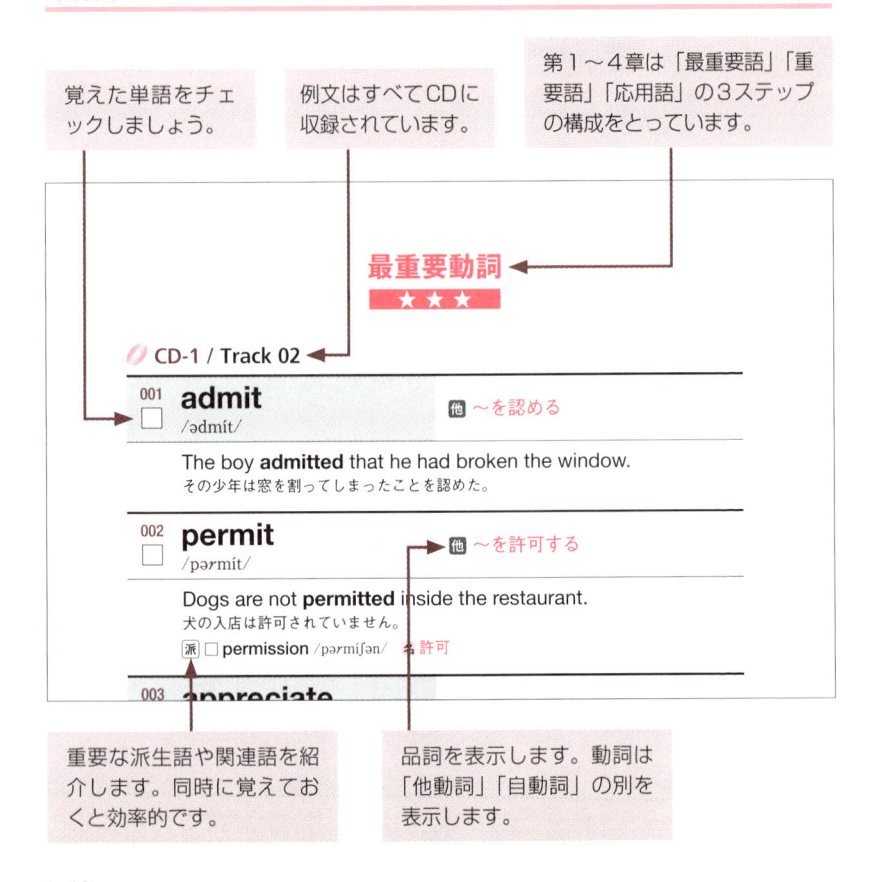

覚えた単語をチェックしましょう。

例文はすべてCDに収録されています。

第1～4章は「最重要語」「重要語」「応用語」の3ステップの構成をとっています。

最重要動詞
★★★

CD-1 / Track 02

001 **admit**
/ədmít/
他 ～を認める

The boy **admitted** that he had broken the window.
その少年は窓を割ってしまったことを認めた。

002 **permit**
/pərmít/
他 ～を許可する

Dogs are not **permitted** inside the restaurant.
犬の入店は許可されていません。
派 □ permission /pərmíʃən/ 名 許可

003 **appreciate**

重要な派生語や関連語を紹介します。同時に覚えておくと効率的です。

品詞を表示します。動詞は「他動詞」「自動詞」の別を表示します。

▶ 10

単語集のページ（第5章）

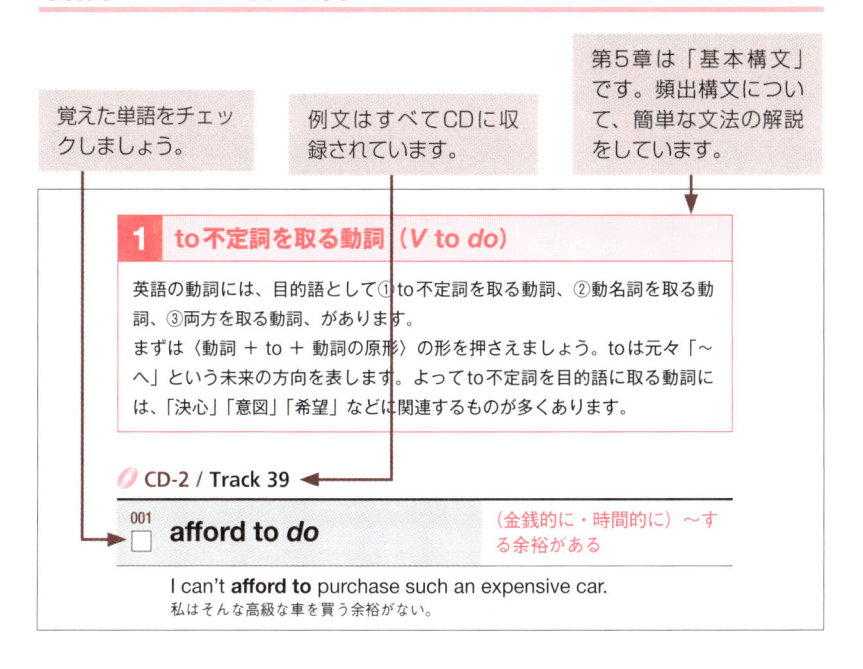

覚えた単語をチェックしましょう。

例文はすべてCDに収録されています。

第5章は「基本構文」です。頻出構文について、簡単な文法の解説をしています。

1 to不定詞を取る動詞（V to do）

英語の動詞には、目的語として①to不定詞を取る動詞、②動名詞を取る動詞、③両方を取る動詞、があります。
まずは〈動詞 ＋ to ＋ 動詞の原形〉の形を押さえましょう。toは元々「〜へ」という未来の方向を表します。よってto不定詞を目的語に取る動詞には、「決心」「意図」「希望」などに関連するものが多くあります。

CD-2 / Track 39

001 **afford to *do***　　（金銭的に・時間的に）〜する余裕がある

I can't **afford to** purchase such an expensive car.
私はそんな高級な車を買う余裕がない。

単語集のページ（第7章）

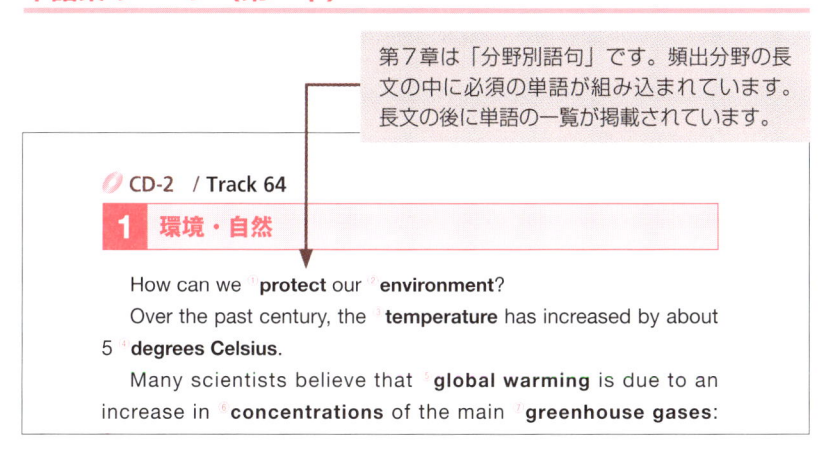

第7章は「分野別語句」です。頻出分野の長文の中に必須の単語が組み込まれています。長文の後に単語の一覧が掲載されています。

CD-2 / Track 64

1 環境・自然

How can we **protect** our **environment**?
Over the past century, the **temperature** has increased by about 5 **degrees Celsius**.
Many scientists believe that **global warming** is due to an increase in **concentrations** of the main **greenhouse gases**:

11

CDの使い方

　CDには例文がすべて収録されています。第7章は長文の例文が収録されています。注：単語・意味はCDには入っていません。

　単語・表現は耳から学習すると、しっかりと覚えられます。また、例文そのものも英検2級の傾向に沿って作成されているので、何度も聞くとリスニング力を強化できます。

※CDでは、「最重要語」→ Level 1、「重要語」→ Level 2、「応用語」→ Level 3と英語で読んでいます。

赤シートの使い方

　赤シートを当てると、単語の意味が消えます。意味を覚えたかどうか確認するのにご利用ください。

記号表記について

[品詞]

　他 他動詞　　自 自動詞

　名 名詞　　　形 形容詞　　　副 副詞

　派 派生語　　類 類義語　　　関 関連語　　　反 反意語

[文法]

　S＝主語　　**V**＝動詞　　**O**＝目的語　　**C**＝補語

　do＝動詞の原形

　人 ／ **one** ／ **one's** ／ **oneself**＝人称代名詞・人名

　名詞＝名詞相当語句（動名詞、代名詞、名詞句を含む）

第1章

動詞

ゼッタイ合格300語

最重要動詞　★★★ ……………… 14
重要動詞　　★★ ……………… 33
応用動詞　　★ ……………… 51

最重要動詞
★★★

🎵 **CD-1 / Track 02**

001 admit
/ədmít/
他 ～を認める

The boy **admitted** that he had broken the window.
その少年は窓を割ってしまったことを認めた。

---

002 permit
/pərmít/
他 ～を許可する

Dogs are not **permitted** inside the restaurant.
犬の入店は許可されていません。

派 □ permission /pərmíʃən/　名 許可

---

003 appreciate
/əpríːʃièit/
他 ～に感謝する

I'd really **appreciate** your kindness if you could help me.
お手伝いいただけると本当にありがたいのですが。

派 □ appreciation /əprìːʃiéiʃən/　名 感謝

---

004 charge
/tʃáːrdʒ/
他 （代金などを）請求する

＊ 〈charge + 人 + 金額〉 ＝「（人）に（金額）を請求する」
The mechanic **charged** me a lot of money for the car repairs.
整備士は車の修理に大金を請求した。

---

005 encourage
/inkə́ːridʒ | -kʌ́r-/
他 ～を奨励する

＊ 〈encourage + 人 + to do〉 ＝「（人）が～するのを奨励する」
The company **encouraged** us to commute by bicycle.
会社は私たちに自転車で通勤することを奨励した。

派 □ encouragement /inkə́ːridʒmənt | -kʌ́r-/　名 奨励

▶ 14

>> 第 1 章　最重要動詞　★★★

006 enable
/inéibəl/
他 ～を可能にする

＊〈enable A to do〉＝「Aが～するのを可能にする」
Computers **enabled** us to do our jobs more quickly.
コンピュータは私たちがより早く仕事をすることを可能にした。

007 doubt
/dáut/
他 ～を疑う　名 疑い

I **doubt** if he will come here on time.
彼が時間どおりにここに来るとは思えない。

派 □ doubtful /dáutfəl/　形 疑わしい

008 provide
/prəváid/
他 ～を提供する

The purpose of this party is to **provide** a chance for you to deepen your friendships.
このパーティーの目的は、あなた方に友好関係を深める機会を提供することです。

009 attract
/ətrǽkt/
他 ～を魅了する

Her book **attracted** the attention of many readers.
彼女の本は多くの読者の関心を集めた。

派 □ attraction /ətrǽkʃən/　名 見どころ；呼び物
　□ attractive /ətrǽktiv/　形 魅力的な

010 support
/səpɔ́ːrt/
他 ～を支持する

This campaign has been **supported** by anti-smoking people.
このキャンペーンは嫌煙家の人々によって支持され続けている。

CD-1 / Track 03

011 attend
/əténd/

他 ～に出席する

I'm going to the head office to **attend** the monthly meeting.
私は月例会議に出席するために本社へ行きます。
派 □ attendance /əténdəns/　名 出席

012 consider
/kənsídər/

他 ～を考える；～を考慮する

I have been **considering** where we should have the Christmas party.
私はどこでクリスマスパーティーを開催すべきかを考え続けている。
派 □ consideration /kənsidəréiʃən/　名 思いやり；考慮

013 estimate
/éstəmèit/

他 ～を推定する；～を見積もる
名 見積もり

The police **estimated** the size of the crowd at 30,000.
警察は群衆の数を3万人と推定した。
派 □ estimation /èstəméiʃən/　名 見積もり

014 guess
/gés/

他 ～を推測する　名 推測

She **guessed** the answer.
彼女は答えを推測した。

015 discuss
/diskʌ́s/

他 ～について話し合う

They **discussed** the issue for hours.
彼らはその問題について何時間も話し合った。
派 □ discussion /diskʌ́ʃən/　名 話し合い；議論

016 argue
/áːrgjuː/

自 議論する
他 ～であると主張する

They **argued** about the introduction of a new training system.
彼らは新しい研修システムの導入について議論した。
派 □ argument /áːrgjəmənt | áː.gju-/　名 議論；主張

▶ 16

>> 第1章　最重要動詞　★★★

017 approve
/əprúːv/
他 〜を承認する

They discussed whether they should **approve** the new plan or not.
彼らは新しいプランを承認するべきかどうかについて話し合った。
派 □ approval /əprúːvəl/　名 承認

018 agree
/əgríː/
他 〜に賛成する

Do you **agree** that we should go to Tokyo by plane?
あなたは私たちが飛行機で東京に行くことに賛成ですか。
派 □ agreement /əgríːmənt/　名 同意；契約

019 oppose
/əpóuz/
他 〜に反対する

Many citizens **opposed** the construction of a new international airport.
多くの市民が新たな国際空港の建設に反対した。
派 □ opposition /ɑ̀pəzíʃən | ɔ̀p-/　名 反対

020 solve
/sɑ́lv | sɔ́lv/
他 〜を解決する

We must find a way to **solve** the financial problem.
私たちは財政問題を解決する方法を見つけ出さねばならない。
派 □ solution /səlúːʃən/　名 解決

 CD-1 / Track 04

021 expect
/ikspékt | eks-/
他 〜を期待する；〜を予期する

The test score was better than I had **expected**.
テストの点数は私が期待していたよりも良かった。
派 □ expectation /èkspektéiʃən/　名 期待

17

022 suggest
/sədʒést/

他 ～を提案する

I **suggest** you take the train instead of the taxi.
タクシーの代わりに電車を使うことをお勧めします。

派 □ suggestion /sədʒéstʃən/　名 提案

023 recommend
/rèkəménd/

他 ～を推薦する

I can **recommend** a German restaurant next to the museum.
美術館の隣のドイツ料理店をお勧めします。

派 □ recommendation /rèkəmendéiʃən/　名 推薦

024 accept
/æksépt/

他 ～を認める

He **accepted** the job offer.
彼は採用の申し出を受け入れた。

派 □ acceptance /ækséptəns/　名 受諾
　　□ acceptable /ækséptəbl/　形 受け入れられる

025 offer
/ɔ́:fər/

他 ～を提供する　名 申し出；提案

We are **offering** the best price for a trip to New York.
ニューヨークへの旅行を最安値で提供しています。

026 increase
/inkrí:s/

自 増加する　他 ～を増加させる
名 /ínkri:s/ 増加

The number of guests has **increased**.
客数が増加した。

027 reduce
/ridjú:s/

他 ～を削減する

I'd like to talk about how to **reduce** our costs.
私はコストを削減する方法について話したい。

派 □ reduction /ridʌ́kʃən/　名 削減

>> 第1章　最重要動詞　★★★

028 arrange
/əréindʒ/
他 〜を設定する

Let's **arrange** the date and place.
日時と場所を設定しましょう。

派 □ **arrangement** /əréindʒmənt/　名 設定；配置

029 improve
/imprúːv/
他 〜を向上させる

The company is thinking about ways to **improve** its financial condition.
会社は財政状況を向上させる方法を考えている。

派 □ **improvement** /imprúːvmənt/　名 向上

030 decline
/dikláin/
他 〜を断る

I had another appointment, so I **declined** an invitation to a dinner party.
別の約束があったので、ディナーパーティーへの誘いを断った。

類 □ **refuse** /rifjúːz/　他 〜を断る
　□ **turn down**　〜を断る

🎵 CD-1 / Track 05

031 ignore
/ignɔ́ːr/
他 〜を無視する

Nancy **ignored** the doctor's advice on eating fewer sweets.
ナンシーは甘いものを食べることを控えるようにという医師のアドバイスを無視した。

派 □ **ignorance** /ígnərəns/　名 無知
　□ **ignorant** /ígnərənt/　形 無知な

032 abandon
/əbǽndən/
他 〜を廃止する

Some strict rules should be **abandoned**.
いくつかの厳しいルールは廃止されるべきだ。

033 warn
/wɔ́ːrn/

他 ～を（～に）警告する

Mr. Smith **warned** me that our boss is difficult to please.
スミス氏は、我々の上司は気難しいと私に警告してくれた。

---

034 describe
/diskráib/

他 ～を詳しく説明する

Could you please **describe** your suitcase?
あなたのスーツケースがどのようなものか詳しく説明してくださいませんか。

派 □ description /diskrípʃən/　名 記述

---

035 repeat
/ripíːt/

他 ～を繰り返す

I am not sure if the success of this Japanese animation movie will be **repeated** in America.
この日本のアニメ映画の成功が、アメリカでも繰り返されるかどうかはわからない。

派 □ repetition /rèpətíʃən/　名 反復

---

036 prevent
/privént/

他 ～を防ぐ

Use this lotion to **prevent** sunburn.
日焼け防止のためにはこのローションを使いなさい。

派 □ prevention /privénʃən/　名 防止

---

037 hesitate
/hézətèit/

自 ためらう；躊躇する

I **hesitated** when I was asked the way to the station in French.
駅へ行く道をフランス語で尋ねられたとき、私はためらった。

派 □ hesitation /hèzitéiʃən/　他 ためらい；躊躇

>> 第1章　最重要動詞　★★★

038 treat
/tríːt/
他 〜を扱う

My host family **treated** me very kindly during my stay in Canada.
カナダに滞在中、私のホストファミリーはとても親切にしてくれた。
派 □ treatment /tríːtmənt/　名 待遇

039 entertain
/èntərtéin/
他 〜を楽しませる

My grandmother **entertained** me with stories when I was a kid.
私が子供の頃、祖母はお話をして楽しませてくれた。
派 □ entertainment /èntərtéinmənt/　名 娯楽

040 amuse
/əmjúːz/
他 〜を楽しませる

Charlie Chaplin **amused** the audience.
チャーリー・チャップリンは聴衆を楽しませた。
派 □ amusement /əmjúːzmənt/　名 楽しみ；娯楽

🎧 CD-1 / Track 06

041 compare
/kəmpéər/
他 〜を比べる

You can **compare** the prices of various products by visiting the website.
そのウェブサイトに行けば、さまざまな製品の価格を比べることができる。
派 □ comparison /kəmpǽrisən/　名 比較

042 benefit
/bénəfit/
自 他 （利益などを）得る
名 恩恵；利点

You will **benefit** a lot from this workshop.
あなたはこの講習会から多くのことを得るでしょう。
派 □ beneficial /bènəfíʃəl/　形 有益な

21

043 adopt
/ədápt | ədɔ́pt/

他 ～を採用する

The company **adopted** a new policy.
その会社は新しい方針を採用した。

派 □ adoption /ədápʃən | ədɔ́p-/　名 採用

044 refuse
/rifjúːz/

他 ～を断る

I **refused** his proposal.
私は彼の提案を断った。

派 □ refusal /rifjúːzəl/　名 拒否

045 prepare
/pripéər/

他 ～を準備する

I am busy **preparing** to go on a business trip.
私は出張の準備で忙しい。

派 □ preparation /prèpəréiʃən/　名 準備

046 delay
/diléi/

他 ～を遅れさせる

The plane was **delayed** for one hour due to the heavy fog.
飛行機は濃霧のために1時間遅れた。

047 postpone
/poustpóun/

他 ～を延期する

The monthly meeting has been **postponed** until next Monday.
月例会議は来週の月曜日まで延期された。

048 remain
/riméin/

自 （依然として）～のままである

She **remained** silent during the meeting.
彼女はミーティングで黙ったままだった。

>> 第1章　最重要動詞　★★★

049 succeed
/səksíːd/

自 成功する

＊ succeed in ＝「～に成功する」

She has **succeeded** in the fashion business.
彼女はファッションビジネスで成功した。

派 □ success /səksés/　名 成功
　 □ successful /səksésfəl/　形 成功している

050 admire
/ədmáiər/

他 ～に感服する；～を称賛する

I really **admire** Picasso's work.
私はピカソの作品に心から感服する。

派 □ admiration /ædməréiʃən/　名 称賛

CD-1 / Track 07

051 calculate
/kǽlkjulèit/

他 ～を計算する

Let's **calculate** the time needed to make the trip to Honolulu.
ホノルルへ旅行するのに必要な時間を計算しよう。

派 □ calculation /kælkjuléiʃən/　名 計算

052 discover
/diskʌ́vər/

他 ～をわかる；～を発見する

I **discovered** why the refrigerator had stopped working.
冷蔵庫が作動しなくなった原因がわかった。

派 □ discovery /diskʌ́vəri/　名 発見

053 complete
/kəmplíːt/

他 ～に記入する；～を完成する

Please **complete** the registration form.
その登録用紙にご記入ください。

派 □ completion /kəmplíːʃən/　名 完成

054 maintain
/meintéin/

他 ～を維持する；～を扶養する

He tries to **maintain** a large house and three cars on a low salary.
彼は大きな家と車3台を安い給料で維持しようとしている。

派 □ maintenance /méintənəns/ 名 維持；保守点検

055 appear
/əpíər/

自 現れる；出現する

Please tell me when the new mobile phones will **appear** on the market.
新しい携帯電話が市場に出る時期を教えてください。

派 □ appearance /əpíərəns/ 名 出現；外見

056 recognize
/rékəgnàiz/

他 ～を識別する；～を承認する

I **recognized** him by his gray hair.
私は白髪で彼だとわかった。

派 □ recognition /rèkəgníʃən/ 名 認識

057 realize
/ríːəlàiz | ríəl-/

他 ～を理解する；～に気づく；～を実現する

I **realized** the importance of friends.
私は友人の大切さに気づいた。

派 □ realization /rìːələzéiʃən | rìəlai-/ 名 理解；具現化

058 judge
/dʒʌdʒ/

他 ～を判断する

Don't **judge** a book by its cover.
表紙で本を判断するな（外見で中身を判断するな）。

派 □ judgment /dʒʌdʒmənt/ 名 判断

>> 第1章　最重要動詞　★★★

059 determine
/ditə́ːrmin/

他 ～を特定する；～を決定する

They are trying to **determine** the cause of the accident.
彼らは事故の原因を特定しようと努めている。

派 □ determination /ditə̀ːrmənéiʃən/　名 決定

060 respect
/rispékt/

他 ～を尊敬する　名 尊敬；敬意

I **respect** my English teacher for his kindness.
私は英語の先生が親切なので尊敬している。

類 □ look up to　～を尊敬する

CD-1 / Track 08

061 promise
/prɑ́mis | prɔ́m-/

他 ～を約束する　名 約束

My daughter **promised** that she would take care of her dog.
私の娘は犬の世話をすると約束した。

062 explain
/ikspléin | eks-/

他 ～を説明する

Would you please **explain** why you want to live in a commercial area?
なぜ商業地区に住みたいか説明してくれませんか。

派 □ explanation /èksplənéiʃən/　名 説明

063 continue
/kəntínjuː/

他 ～を続ける

Global warming **continues** to get worse.
地球温暖化は悪化し続けている。

064 achieve
/ətʃíːv/ 　　他 ～を達成する

Mr. Stafford **achieved** his sales target.
スタフォード氏は販売目標を達成した。
派 □ achievement /ətʃíːvmənt/　名 業績；(学業の) 成績

065 accomplish
/əkámplɪʃ | əkʌ́m-/　　他 ～を達成する

Barry **accomplished** his goal of winning the prize.
バリーは賞を獲得するという目標を達成した。
派 □ accomplishment /əkámplɪʃmənt | əkʌ́m-/　名 達成

066 operate
/ápərèɪt | ɔ́p-/　　他 ～を操作する

New factory workers will be trained to **operate** the machine.
工場の新しい従業員は機械を操作する訓練を受ける。
派 □ operation /àpəréɪʃən | ɔ̀p-/　名 操業；実施

067 cause
/kɔ́ːz/　　他 ～を引き起こす　名 原因

The rising cost of vegetables was **caused** by lack of rain.
野菜の価格高騰は雨不足が原因だった。

068 reveal
/rɪvíːl/　　他 ～を明かす

He **revealed** his secret to me.
彼は秘密を私に明かした。
派 □ revelation /rèvəléɪʃən/　名 暴露

069 subscribe
/səbskráɪb/　　自 購読する

She **subscribes** to several monthly magazines.
彼女は数冊の月刊誌を定期購読している。
派 □ subscription /səbskrípʃən/　名 購読

第1章　最重要動詞　★★★

070 deliver
/dilívər/
他 ～を配達する

We will **deliver** the new cabinet to your office tomorrow.
新しい戸棚をあなたの事務所に明日お届けします。

派 □ delivery /dilívəri/　名 配達

🎵 CD-1 / Track 09

071 demand
/dimænd/
他 ～を要求する　名 要求；需要

This project **demands** a lot from you.
このプロジェクトはあなたに多くのことを要求する。

072 deserve
/dizə́:rv/
他 ～に値する

Sandra **deserves** a promotion.
サンドラは昇進に値する。

073 respond
/rispánd | -spɔ́nd/
自 反応する；返答する

You should wait for the other side to **respond**.
相手側が反応するのを待つべきだ。

派 □ response /rispáns | -spɔ́ns/　名 反応

074 stand
/stænd/
他 ～を我慢する

They cannot **stand** the current situation.
彼らは現在の状況に我慢できない。

075 heal
/hí:l/
自 (傷・病気が) 治る　他 治す

Mark can't play baseball until his injury **heals** completely.
マークは怪我が完全に治るまで野球ができない。

27

076 cure
/kjúər/
他 （病気・病人）を治す

The doctor **cured** the pain in my neck.
医者が私の首の痛みを治してくれた。
派 □ curable /kjúərəbl/　形 治療可能な

077 fit
/fít/
他 ～に適合する

This seems to **fit** the case.
これは適例のように思われる。

078 acquire
/əkwáiər/
他 ～を獲得する；～を身につける

It is important for you to **acquire** etiquette.
エチケットを身につけることが重要だ。

079 bear
/béər/
他 ～に耐える

I can't **bear** this heat.
私はこの暑さに耐えられない。
派 □ bearable /béərəbl/　形 我慢できる

080 confirm
/kənfə́ːrm/
他 ～を確認する

Did you **confirm** the reservation?
予約を確認しましたか。
派 □ confirmation /kànfərméiʃən | kɔ̀n-/　名 確認

🎵 CD-1 / Track 10

081 obtain
/əbtéin/
他 ～を得る

You should **obtain** knowledge from experience.
あなた方は経験から知識を得るべきだ。

≫ 第1章　最重要動詞　★★★

082 occur
/əkə́:r/
自 発生する

Traffic accidents often **occur** at this intersection.
この交差点で交通事故がよく発生する。
派 □ occurrence /əkə́:rəns | əkʌ́r-/ **名** 発生
類 □ take place　発生する；（行事などが）開催される

083 lack
/lǽk/
他 ～を欠く　**名** 欠乏

What you **lack** is experience.
あなたに欠けているのは経験だ。

084 trust
/trʌ́st/
他 ～を信用する　**名** 信用

Mark always **trusts** his boss's judgment.
マークはいつも上司の判断を信用する。

085 observe
/əbzə́:rv/
他 ～を観察する

My hobby is **observing** the stars.
私の趣味は星を観測することだ。
派 □ observation /ɑ̀bzərvéiʃən | ɔ̀b-/ **名** 観察

086 examine
/igzǽmin/
他 ～を検討する；～を調査する

Researchers have **examined** hundreds of pages of market data.
研究者は何百ページもの市場データを検討した。
派 □ examination /igzæ̀minéiʃən/ **名** 検討；試験

087 serve
/sə́:rv/

他 (人に) 仕える；(飲食物を) 出す

Japanese-speaking shop clerks are always ready to **serve** customers in this gift shop.
このギフトショップでは、日本語を話す店員がいつでもお客様に応対いたします。

派 □ **service** /sə́:rvis/ 名 サービス；奉仕

088 propose
/prəpóuz/

他 ～を提案する

I **propose** that we change hotels.
私はホテルを変更することを提案する。

派 □ **proposal** /prəpóuzəl/ 名 提案

089 display
/displéi/

他 ～を展示する 名 展示；展示品

Summer fashions are **displayed** in the window.
夏のファッションがショーウインドウに陳列されている。

090 employ
/implɔ́i/

他 ～を雇う；～を使用する

Nancy is **employed** as an accountant.
ナンシーは経理担当として雇われている。

派 □ **employment** /implɔ́imənt/ 名 雇用

CD-1 / Track 11

091 predict
/pridíkt/

他 ～を予言する；～を予知する

It is said that some animals can **predict** earthquakes.
地震を予知する動物がいるといわれている。

派 □ **prediction** /pridíkʃən/ 名 予知

第 1 章　最重要動詞 ★★★

092 replace
/ripléis/
他 〜に代わる；〜を入れ替える

We have to find someone to **replace** Mary.
メアリーに代わる他の人を見つけなければならない。

派 □ replacement /ripléismənt/　名 代わりの物・人

093 indicate
/índikèit/
他 〜を示す

The participants raised their hands to **indicate** they agreed to the plan.
参加者は計画に同意していることを示すために挙手した。

派 □ indication /ìndikéiʃən/　名 兆候；指摘；表示

094 negotiate
/nigóuʃièit/
他 〜を交渉する

I have to **negotiate** the price tomorrow afternoon.
私は明日の午後、価格交渉をしなければならない。

派 □ negotiation /nigòuʃiéiʃən/　名 交渉

095 recover
/rikÁvər/
自 回復する

＊ recover from =「〜から回復する」

It took me one month to **recover** from a knee injury.
ひざの怪我から回復するのに 1 カ月かかった。

096 assist
/əsíst/
他 〜を補佐する

Mike has two part-time sales people to **assist** him.
マイクには彼を補佐するパートタイムの販売員が 2 人いる。

派 □ assistance /əsístəns/　名 補佐

097 promote
/prəmóut/
他 〜を促進する

Washington Tires should **promote** good relations with Japan Automobiles.
ワシントンタイヤ社はジャパンオートモービルズ社との良い関係を促進するべきだ。
派 □ **promotion** /prəmóuʃən/ 名 促進；販売促進；昇進

098 praise
/préiz/
他 〜を褒め称える

The citizens highly **praised** the firefighters.
市民は消防士たちを褒め称えた。

099 earn
/ə́ːrn/
他 〜を稼ぐ

Mike **earns** about $60 a day by working part-time.
マイクはパートタイムの仕事をして1日に60ドル稼ぐ。

100 export
/ikspɔ́ːrt/
他 〜を輸出する
名 /ékspɔːrt/ 輸出

Japan **exports** cars to foreign countries.
日本は外国に車を輸出している。
反 □ **import** /impɔ́ːrt/ 他 〜を輸入する 名 /ínpɔːrt/ 輸入

>> 第1章　重要動詞　★★

重要動詞
★★

CD-1 / Track 12

001 inspire
/inspáiər/
他 ～に感銘を与える；～を鼓舞する

I was **inspired** by the pianist's performance.
私はピアニストの演奏に感銘を受けた。
派 □ inspiration /ìnspəréiʃən/　名 ひらめき

002 fascinate
/fǽsənèit/
他 ～を魅了する

He was **fascinated** by his baby's cute smile.
彼は赤ちゃんのかわいい笑顔に魅了された。
派 □ fascination /fæ̀sənéiʃən/　名 魅了

003 impress
/imprés/
他 ～に感銘を与える

I was **impressed** by the beautiful scenery in Switzerland.
私はスイスで美しい景色に感動した。
派 □ impression /impréʃən/　名 感銘

004 evaluate
/ivǽljuèit/
他 ～を評価する

Teachers should carefully **evaluate** each student's ability.
教師は各生徒の能力を慎重に評価するべきだ。
派 □ evaluation /ivæ̀ljuéiʃən/　名 評価

005 value
/vǽlju:/
他 ～を評価する；～を査定する

My house was **valued** at $50,000.
私の家は5万ドルと査定された。
派 □ valuable /vǽljuəbl/　形 貴重な

006 manufacture
/mæ̀njəfǽktʃər/
他 〜を製造する

This factory **manufactures** nothing but soap.
この工場は石鹸だけを製造します。
派 □ manufacturer /mæ̀njəfǽktʃərər/ 名 製造業者

007 construct
/kənstrʌ́kt/
他 〜を建設する

My father is going to **construct** a house after his own design.
父は自分の設計で家を建てる予定だ。
派 □ construction /kənstrʌ́kʃən/ 名 建設

008 justify
/dʒʌ́stəfài/
他 〜を証明する；〜を弁明する；〜を正当化する

I don't know how she can **justify** her actions.
彼女がどのように自分の行動を弁明できるのかわからない。
派 □ justification /dʒʌ̀stəfikéiʃən/ 名 正当化

009 imply
/implái/
他 〜をほのめかす

He **implied** that he had graduated from Tokyo University.
彼は東京大学卒業だということをほのめかした。

010 conduct
/kəndʌ́kt/
他 〜を実施する

They **conducted** tests on 500 dogs.
彼らは500匹の犬にテストを実施した。

CD-1 / Track 13

011 launch
/lɔ́:ntʃ/
他 〜を始める
名 (新製品などの) 発売

They are discussing when they should **launch** their new campaign.
彼らはいつ新しいキャンペーンを始めるべきかについて話し合っている。

>> 第1章　重要動詞　★★

012 release
/rilíːs/
他 ～を放つ

He **released** the bird from the cage into the wild.
彼は鳥かごから鳥を放し、自然に返した。

013 broadcast
/brɔ́ːdkæst | -kɑ̀ːst/
他 ～を放送する

＊活用：broadcast-broadcast-broadcast
The charity jazz concert is being **broadcast** live.
慈善ジャズコンサートが生放送されている。

014 distribute
/distríbjuːt/
他 ～を配布する；～を配分する

At the end of the seminar, questionnaires were **distributed**.
セミナーの終わりに、アンケート用紙が配布された。
派 □ **distribution** /dìstribjúːʃən/　**名** 配布；配分

015 explore
/iksplɔ́ːr/
他 ～を探検する

My dream is to **explore** Venus.
私の夢は金星を探検することです。
派 □ **exploration** /èksplǝréiʃǝn/　**名** 探検

016 preserve
/prizə́ːrv/
他 ～を保存する

They believe it's important to **preserve** old buildings.
彼らは古い建物を保存することが大切だと考えている。
派 □ **preservation** /prèzǝrvéiʃǝn/　**名** 保存

017 register
/rédʒistǝr/
他 ～を登録する

The Embassy Hotel asks all guests to **register** their home address.
エンバシーホテルは、すべてのお客様にご自宅の住所を登録するようお願いしております。
派 □ **registration** /rèdʒistréiʃǝn/　**名** 登録

018 withdraw
/wiðdrɔ́ː/
他 〜を引き出す　自 脱会する

I'll **withdraw** 50,000 yen from my bank account during my break.
私は休憩時間中に銀行口座から5万円を引き出すつもりだ。

019 reflect
/riflékt/
他 〜を反映する

Our president's character is **reflected** in his speeches and books.
我が社の社長の人柄は、彼のスピーチと著作に反映されている。

派 □ **reflection** /riflékʃən/　名 反映；反射

020 remove
/rimúːv/
他 〜を取り除く

I don't know how to **remove** stains from the jacket.
ジャケットのしみを抜く方法がわからない。

派 □ **removal** /rimúːvəl/　名 除去

CD-1 / Track 14

021 expand
/ikspǽnd/
他 〜を広げる；〜を拡張する

Japan Trading is planning to **expand** abroad.
日本商事は海外への拡大を計画している。

派 □ **expansion** /ikspǽnʃən/　名 拡張

022 tolerate
/tálərèit | tɔ́l-/
他 〜を我慢する；〜を許容する

He couldn't **tolerate** his son's laziness.
彼は息子の怠惰に我慢がならなかった。

派 □ **tolerance** /tálərəns | tɔ́l-/　名 寛容

≫ 第1章　重要動詞　★★

023 purchase
/pə́ːrtʃəs/
他 ～を購入する　　名 購入；購入品

My uncle **purchased** a new house with a loan.
私のおじはローンを組んで新築の家を購入した。

024 consume
/kənsjúːm/
他 ～を消費する

This newest microwave oven **consumes** 70 percent less electricity than the old one.
この最新の電子レンジが電力を消費する量は、古いものより70パーセント少ない。

派 □ consumer /kənsjúːmər/ 名 消費者
　　□ consumption /kənsʌ́mpʃən/ 名 消費

025 exhaust
/igzɔ́ːst/
他 ～を使い果たす；～を疲れさせる

They have **exhausted** their funds.
彼らは資金を使い果たしてしまった。

026 compensate
/kɑ́mpənsèit | kɔ́m-/
自 埋め合わせる

How are you going to **compensate** for your mistakes?
あなたはどのようにしてミスの埋め合わせをするつもりですか。

派 □ compensation /kɑ̀mpənséiʃən | kɔ̀m-/ 名 補償
類 □ make up for ～を埋め合わせる

027 identify
/aidéntəfài/
他 ～を特定する；～を確認する

You should **identify** the cause of the problem.
あなたはその問題の原因を特定しなければならない。

派 □ identification /aidèntifəkéiʃən/ 名 身分証明書；身元確認

028 qualify
/kwáləfài | kwɔ́l-/

自 資格を得る
他 〜に資格を与える

Unemployed people can **qualify** for employment insurance.
失業者は雇用保険の資格を得られる。

派 □ qualification /kwɑ̀lifikéiʃən | kwɔ̀l-/　名 資格

029 prove
/prúːv/

他 〜を証明する

I can **prove** the truth of his story.
私は彼の話が事実であることを証明できる。

派 □ proof /prúːf/　名 証明

030 investigate
/invéstəgèit/

他 〜を調査する

The police and the fire department are **investigating** the cause of the fire at the supermarket.
警察と消防局はスーパーマーケットの火事の原因について調査している。

派 □ investigation /invèstəgéiʃən/　名 調査

CD-1 / Track 15

031 analyze
/ǽnəlàiz/

他 〜を分析する

Mr. Rhodes carefully **analyzed** the data.
ローズ氏は注意深くデータを分析した。

派 □ analysis /ənǽləsis/　名 分析

032 represent
/rèprizént/

他 〜を代表する

I **represented** ABC Trading at the conference.
私は会議でABC商事を代表した。

派 □ representation /rèprizentéiʃən/　名 代表；描写
　　□ representative /rèprizéntətiv/　名 代理人；代表者；販売員

>> 第1章　重要動詞　★★

033 influence
/ínfluəns/
他 ～に影響を与える　名 影響

Your character is **influenced** by how you were brought up.
性格は、どのように育てられたかに影響を受ける。

034 affect
/əfékt/
他 ～に影響を与える

Weather conditions **affect** crops.
天候が作物の収穫に影響を与える。

035 lower
/lóuər/
他 ～を下げる

I don't know how to **lower** the temperature.
温度を下げる方法がわからない。

036 behave
/bihéiv/
自 行動する；ふるまう

You should not **behave** like a child.
あなたは子供のようなふるまいをするべきではない。
派 □ behavior /bihéivjər/　名 行動；ふるまい

037 revise
/riváiz/
他 ～を変更する；～を改訂する

I want you to read the chapter I **revised**.
私が改訂した章を、あなたに読んでもらいたい。
派 □ revision /rivíʒən/　名 改訂

038 spoil
/spɔ́il/
他 ～を台無しにする；～を甘やかす

Don't **spoil** your children by letting them do whatever they want to do.
やりたい放題にさせて子供たちを甘やかしてはいけません。

039 extend
/iksténd/
他 ～を延長する

You can **extend** the trial period for the software by e-mailing the company.
会社にＥメールを送れば、ソフトの使用期間を延長できる。

派 □ **extension** /iksténʃən/　名 延長；（電話の）内線

040 perform
/pərfɔ́ːrm/
他 ～を遂行する

Mary is not confident of **performing** her duties.
メアリーは業務を遂行する自信がない。

派 □ **performance** /pərfɔ́ːrməns/　名 仕事ぶり；演技

CD-1 / Track 16

041 substitute
/sʌ́bstətjùːt/
他 ～を代用する

My grandmother **substitutes** honey for sugar.
私の祖母は砂糖の代わりにはちみつを使う。

派 □ **substitution** /sʌ̀bstətjúːʃən/　名 代理；代用

042 compromise
/kámprəmàiz | kɔ́m-/
自 妥協する　名 妥協

Let's **compromise** on this point.
この点については、妥協し合いましょう。

043 defend
/difénd/
他 ～を弁護する；～を擁護する；～を防衛する

It is important for citizens to **defend** their rights.
市民が自分たちの権利を守ることは大切である。

派 □ **defense** /diféns/　名 弁護；防衛

≫ 第 1 章　重要動詞　★★

044 conclude
/kənklúːd/
他 〜を終える

He **concluded** the meeting by saying thank you to the participants.
彼は参加者にお礼を述べて、ミーティングを締めくくった。

派 □ conclusion /kənklúːʒən/　名 終結；結論

045 enforce
/infɔ́ːrs/
他 〜を施行する

When will the new regulations be **enforced**?
いつ新しい規則が施行されますか。

派 □ enforcement /infɔ́ːrsmənt/　名 施行

046 ensure
/inʃúər/
他 〜を確実にする；〜を保証する

Please **ensure** that you have signed all the necessary forms.
必要な用紙すべてに署名したことを確認してください。

047 forecast
/fɔ́ːrkæst | -kɑ̀ːst/
他 〜を予想する　名 予想；予報

They **forecast** that the economy will grow gradually.
経済は徐々に成長すると彼らは予想している。

048 review
/rivjúː/
他 〜を復習する；〜を再検討する
名 復習

Let's **review** what we have learned today.
今日学んだことを、復習しておきましょう。

049 spread
/spréd/
自 広がる

＊活用：spread-spread-spread

The fire **spread** rapidly.
火事は急速に広がった。

41

050 reject
/ridʒékt/ 他 ～を拒否する

Mark **rejected** the job offer because he had already accepted another job.
マークはすでに別の仕事を決めていたため、その採用を断った。
派 □ **rejection** /ridʒékʃən/ 名 拒否

CD-1 / Track 17

051 deny
/dinái/ 他 ～を否定する

Mark **denied** that he had told a lie.
マークは嘘をついたことを否定した。
派 □ **denial** /dináiəl/ 名 否定

052 inhabit
/inhǽbit/ 他 ～に住む

Is this island **inhabited**?
この島には人が住んでいますか。
派 □ **inhabitant** /inhǽbətənt/ 名 住民；居住者

053 instruct
/instrʌ́kt/ 他 ～を指示する

The students were **instructed** to follow the rules.
生徒たちは規則に従うようにと指示を受けた。
派 □ **instruction** /instrʌ́kʃən/ 名 指示

054 cooperate
/kouɑ́pərèit/ 自 協力する

They **cooperated** with each other to make this project a successful one.
彼らはこのプロジェクトを成功させるために互いに協力した。
派 □ **cooperation** /kouɑ̀pəréiʃən/ 名 協力
□ **cooperative** /kouɑ́pərətiv/ 形 協力的な

>> 第1章 重要動詞 ★★

055 coordinate
/kouɔ́ːrdənèit/
他 ～を調整する

I am **coordinating** everybody's schedules now.
私は今、みんなのスケジュールを調整しています。

056 deposit
/dipázət | -pózit/
他 ～を預ける

I **deposit** $100 a month into my bank account.
私は月に100ドルを銀行口座に貯金する。

057 donate
/dóuneit | dəunéit/
他 (お金・物を)寄付する

The citizens' group **donated** a large amount of money to the nursing home.
市民グループは多額のお金をその老人ホームに寄付した。

派 □ donation /dounéiʃən/ 名 寄付

058 ache
/éik/
自 痛む 名 痛み

As my legs were **aching**, I didn't go on the picnic.
足が痛かったのでピクニックには行かなかった。

059 ease
/íːz/
自 和らぐ 他 ～を緩和する

The pain will soon begin to **ease**.
痛みはすぐに和らぐでしょう。

060 relieve
/rilíːv/
他 ～を軽減する；～を安心させる

Take this medicine, and it will **relieve** your pain.
この薬を飲みなさい、そうすれば痛みは軽減するでしょう。

派 □ relief /rilíːf/ 名 軽減；安堵

43

CD-1 / Track 18

061 approach /əpróutʃ/ 自 近づく 名 接近

Spring is **approaching**.
春が近づいている。
派 □ approachable /əpróutʃəbl/ 形 接近できる；親しみやすい

062 transfer /trænsfə́:r | -́--/ 他 自 (〜を) 異動させる・する；乗り換えさせる・乗り換える 名 転勤；移転；乗り換え

Mike will be **transferred** from the marketing department to the sales department next month.
マイクは来月マーケティング部から販売部に異動する。

063 transport /trænspɔ́:rt/ 他 〜を輸送する

Oil is **transported** by tankers.
石油はタンカーで輸送される。
派 □ transportation /trænspərtéiʃən | -pɔ:-/ 名 輸送（機関）

064 protest /próutest/ 自 他 (〜に) 抗議する；(〜に) 異議を申し立てる 名 抗議

They are marching along the street to **protest** against the construction of a golf course.
彼らはゴルフ場の建設に抗議するために通りをデモ行進している。

065 offend /əfénd/ 他 〜の感情を害する

You should choose your words so as not to **offend** others.
他人を傷つけないように、言葉を選ぶべきだ。
派 □ offense /əféns/ 名 無礼；違反

066 escape /iskéip | es-/ 自 脱出する 名 脱出

They **escaped** from the burning car.
彼らは燃えている車から脱出した。

≫ 第 1 章　重要動詞　★★

067 hide
/háid/
他 〜を隠す　自 隠れる

She tried to **hide** her feelings.
彼女は感情を隠そうとした。

068 arrest
/ərést/
他 〜を逮捕する

The police officer **arrested** the shoplifter.
その警官は万引き犯を逮捕した。

069 punish
/pʌ́niʃ/
他 〜を罰する

As Thomas didn't follow the school rules, he was **punished**.
トーマスは学校のルールを守らなかったので罰せられた。

派 □ **punishment** /pʌ́niʃmənt/　名 処罰

070 scold
/skóuld/
他 〜を叱る

Kevin was **scolded** by his mother.
ケビンは母に叱られた。

CD-1 / Track 19

071 confuse
/kənfjúːz/
他 〜を困惑させる

He was **confused** when he was asked difficult questions one after another.
彼は次から次へと難しい質問をされ、困惑した。

派 □ **confusion** /kənfjúːʒən/　名 困惑

072 annoy
/ənɔ́i/
他 〜をいらいらさせる；
〜を困らせる

The constant noise of the machine **annoyed** me.
絶え間ない機械の騒音が私をいらいらさせた。

45

073 bother
/bɑ́ðər | bɔ́ð-/
他 ～の邪魔をする

Don't **bother** me when I'm reading a book.
本を読んでいるときには邪魔をしないでください。
派 □ **bothersome** /bɑ́ðərsəm | bɔ́ð-/　形 迷惑な

074 disturb
/distə́ːrb/
他 ～を妨害する；～を邪魔する

Don't **disturb** me while I am cooking.
料理をしているときは邪魔をしないでください。
派 □ **disturbance** /distə́ːrbəns/　名 妨害

075 threaten
/θrétən/
他 ～を脅かす

Water pollution **threatens** our lives.
水質汚染は私たちの生活を脅かす。
派 □ **threat** /θrét/　名 脅威

076 exceed
/iksíːd/
他 ～を越す

Don't **exceed** the speed limit.
スピード制限を越えてはいけない。

077 limit
/límit/
他 ～を制限する　名 限界

The government made a decision to **limit** imports of foreign products.
政府は外国製品の輸入を制限する決定をした。
派 □ **limitation** /lìmitéiʃən/　名 制限；限界

078 prohibit
/prouhíbit/
他 ～を禁止する

Parking is strictly **prohibited** in this area.
この場所に駐車することは固く禁止されています。
派 □ **prohibition** /pròuhəbíʃən/　名 禁止

≫ 第1章　重要動詞　★★

079 **freeze**
/frí:z/

自 他 （〜を）凍結する

The water pipe has **frozen**.
水道管が凍ってしまった。

080 **neglect**
/niglékt/

他 〜をおろそかにする；〜を無視する

Don't **neglect** your duties.
自分の業務をおろそかにしないでください。

派 □ **negligence** /néglidʒəns/ 名 怠慢；不注意

CD-1 / Track 20

081 **edit**
/édit/

他 〜を編集する

Jane is **editing** a new English conversation book now.
ジェーンは今、新しい英会話の本を編集中だ。

派 □ **edition** /idíʃən/ 名 （刊行物などの）版

082 **publish**
/pʌ́bliʃ/

他 〜を掲載する；〜を出版する

Reporters should look into the facts before **publishing** their stories.
報道記者は記事を掲載する前に事実を調査するべきだ。

派 □ **publisher** /pʌ́bliʃər/ 名 出版社

083 **translate**
/trænsléit | trænz-/

他 〜を翻訳する

This novel has been **translated** into English and German.
この小説は英語とドイツ語に翻訳されている。

派 □ **translation** /trænsléiʃən | trænz-/ 名 翻訳

084 interpret
/intə́ːrprət/

自 他 （〜を）通訳する；〜を解釈する

My job was to **interpret** for a French professor who was visiting Japan.
私の仕事は日本を訪問中のフランス人教授の通訳をすることだった。

085 summarize
/sʌ́məràiz/

他 〜を要約する

Mr. Chen **summarized** the key points.
チェン氏は重要点をまとめた。

派 □ summary /sʌ́məri/ 名 要約

086 breathe
/bríːð/

自 呼吸する

Breathe deeply before you go on stage.
ステージに上がる前に深呼吸をしなさい。

087 whisper
/hwíspər/

自 ささやく

She **whispered** in my ear so that other people couldn't hear.
彼女は他の人が聞こえないように私の耳元でささやいた。

088 interrupt
/ìntərʌ́pt/

他 〜を中断する

Don't **interrupt** me while I am speaking.
私が話しているときに口を挟まないでください。

派 □ interruption /ìntərʌ́pʃən/ 名 中断

089 cease
/síːs/

他 〜を中止する

The company decided to **cease** production of motorcycles.
その会社はオートバイの生産を中止することを決定した。

>> 第1章　重要動詞　★★

090 criticize
/krítəsàiz/
他 〜を批判する

They **criticized** my essay.
彼らは私のエッセーを批判した。
派 □ criticism /krítəsizəm/　名 批判

🎵 CD-1 / Track 21

091 emphasize
/émfəsàiz/
他 〜を強調する

The speaker **emphasized** the point by repeating it.
話し手はその要点を繰り返して述べ、強調した。
派 □ emphasis /émfəsis/　名 強調

092 encounter
/inkáuntər/
他 〜に偶然出くわす

He **encountered** an old friend on his way to the station.
彼は駅に行く途中で偶然、昔の友人に会った。

093 compete
/kəmpíːt/
自 競う

They will **compete** in the World Junior Tennis Tournament.
彼らは世界ジュニア・テニス・トーナメントで競うことになる。
派 □ competition /kàmpətíʃən | kɔ̀m-/　名 競争

094 defeat
/difíːt/
他 〜を負かす　名 敗北

We were **defeated** 3-0 by the opposing team.
3対0で相手チームに敗れた。

095 possess
/pəzés/
他 （才能・富などを）持つ

He **possesses** a talent for writing books.
彼は本を書く才能を持っている。
派 □ possession /pəzéʃən/　名 所有

49 ◀

096 contain
/kəntéin/ 他 ～を含む

This package **contains** 15 books.
この小包には15冊の本が入っている。

097 establish
/istǽbliʃ | es-/ 他 ～を設立する

ABC Trading Company was **established** in 2000.
ABC商事は2000年に設立された。

098 organize
/ɔ́ːrɡənàiz/ 他 ～を主催する；～を組織する；～を整理する

The party was **organized** by the New York Apparel Co.
そのパーティーはニューヨーク・アパレル社によって主催された。

099 reform
/rifɔ́ːrm/ 他 ～を改革する 名 改革

We should **reform** the tax system.
私たちは税制を改革する必要がある。

100 renovate
/rénəvèit/ 他 ～を改修する

This library should be **renovated**.
この図書館は改修されるべきです。

派 □ **renovation** /rènəvéiʃən/ 名 改修

応用動詞

CD-1 / Track 22

001 advance
/ədvǽns/
自 進む；進歩する

Everything **advanced** in the right direction.
すべては正しい方向に進んだ。
派 □ advanced /ədvǽnst/ **形** 上級の；進歩した

002 feature
/fíːtʃər/
他 ～を特集する

The museum **features** a collection of Asian pottery.
美術館はアジア陶器のコレクションの展示を行う。

003 aid
/éid/
他 ～を助ける **名** 援助

The government should have a policy to **aid** unemployed people.
政府は失業者を助ける政策を行うべきだ。

004 confess
/kənfés/
他 （悪事などを）白状する；（秘密などを）打ち明ける

Christy **confessed** that she had used the company's money.
クリスティーは会社のお金を使い込んでしまったことを白状した。
派 □ confession /kənféʃən/ **名** 告白

005 utilize
/júːtəlàiz/
他 ～を利用する

We must try to **utilize** the sun, the wind and the sea as energy sources.
私たちは太陽、風、そして海をエネルギー資源として利用しなければならない。
派 □ utilization /jùːtələzéiʃən/ **名** 利用

006 struggle
/strʌ́gl/
自 奮闘する

The firefighters were **struggling** to put out a big fire.
消防士たちは大火災を消すために奮闘していた。

007 store
/stɔ́ːr/
他 ～を収納する

Please **store** your belongings in the overhead compartment.
所持品は頭上のコンパートメントに収納してください。

008 pack
/pǽk/
他 ～を詰める

Suzan **packed** her suitcase one day before her departure.
スーザンは出発の1日前にスーツケースに荷物を詰めた。

009 load
/lóud/
他 (荷物を) 積む　名 荷物

They are **loading** the packages on to the truck.
彼らは小包をトラックに積んでいる。

010 occupy
/ɑ́kjəpài | ɔ́kju-/
他 ～を占領する

This house has not been **occupied** for five years.
この家は5年間空き家のままだ。

派 □ occupation /ɑ̀kjəpéiʃən | ɔ̀kju-/　名 占領

🎵 CD-1 / Track 23

011 detect
/ditékt/
他 ～を発見する

Detecting a cancer at an early stage is important.
がんの早期発見が大切である。

>> 第1章　応用動詞

012 restrict
/ristríkt/
他 〜を制限する

You should **restrict** your calorie intake in order to lose weight.
減量するためにはカロリー摂取量を制限しなければならない。
派 □ restriction /ristríkʃən/ 名 制限

013 found
/fáund/
他 〜を設立する

Our high school was **founded** in 1988.
私たちの高校は1988年に設立された。
派 □ foundation /faundéiʃən/ 名 創立

014 define
/difáin/
他 〜を定義する

I don't know how to **define** "happiness."
私はどうやって「幸せ」を定義すればいいかわからない。
派 □ definition /dèfəníʃən/ 名 定義

015 assure
/əʃúər/
他 〜を保証する

We **assure** you that all our products go through strict quality control.
弊社の全製品が厳しく品質管理されていることを保証いたします。

016 upset
/ʌpsét/
他 〜を動揺させる

＊活用：upset-upset-upset

It **upset** me when my coworkers were arguing.
同僚たちが言い争っていて、私は気分がめいった。

017 install
/instɔ́:l/
他 ～を設置する

We have decided to **install** our own video equipment instead of renting it.
映像機器は、レンタルせずに自社で設置することを決定した。
派 □ **installment** /instɔ́:lmənt/ 名 設置

018 resign
/rizáin/
他 自 (～を) 辞任する

Ms. Brown decided to **resign** her post as vice-president.
ブラウンさんは副社長を辞任することを決意した。
派 □ **resignation** /rèzignéiʃən/ 名 辞任

019 dismiss
/dismís/
他 ～を解雇する；～を退ける

Five employees were **dismissed**.
5人の従業員が解雇された。
派 □ **dismissal** /dismísəl/ 名 解雇

020 bend
/bénd/
他 ～を曲げる

Please **bend** your knees.
ひざを曲げてください。

🎵 CD-1 / Track 24

021 assume
/əsjú:m/
他 ～と思う；～を推測する

I **assume** that she will pass the interview for the job of cabin attendant.
私は彼女がキャビンアテンダントの面接に合格すると思う。
派 □ **assumption** /əsʌ́mpʃən/ 名 推定

≫ 第1章　応用動詞　★

022 exaggerate
/iɡzǽdʒərèit/

自 他 （〜を）誇張する

You shouldn't **exaggerate** in order to appear that you're better than you really are.
自分自身を実力以上に見せるために誇張してはいけません。

派 □ exaggeration /iɡzædʒəréiʃən/　名 誇張

023 beat
/bíːt/

他 〜を負かす；〜に勝つ

Luckily, I was able to **beat** my father at chess.
ラッキーなことに、私は父をチェスで打ち負かすことができた。

024 overcome
/òuvərkʌ́m/

他 〜を乗り越える；〜に打ち勝つ

The couple tried to **overcome** the cultural barriers.
その夫婦は文化の壁を乗り越えようとした。

025 confront
/kənfrʌ́nt/

他 〜に立ち向かう

They bravely **confronted** danger.
彼らは勇敢にも危険に立ち向かった。

026 assert
/əsə́ːrt/

他 〜を断言する；
〜を強く主張する

He always **asserts** his ideas.
彼はいつも自分のアイデアを強く主張する。

派 □ assertion /əsə́ːrʃən/　名 主張

027 deepen
/díːpən/

他 〜を深める

We should **deepen** mutual understanding by exchanging ideas.
私たちはアイデアを交換することで相互理解を深めるべきだ。

55

028 **tighten** /táitn/ 他 〜をしっかり締める

You should **tighten** the cap on the bottle.
ボトルのふたをしっかり締めてください。
派 □ **tight** /táit/ 形 きつい；しっかりした

029 **straighten** /stréitn/ 他 〜をまっすぐにする

Mr. Green stopped to **straighten** his tie.
グリーン氏はネクタイを直すために立ち止まった。
派 □ **straight** /stréit/ 形 まっすぐな

030 **shorten** /ʃɔ́ːrtn/ 他 〜を短くする

I **shortened** my stay in Paris.
私はパリでの滞在を短縮した。

🎵 CD-1 / Track 25

031 **lengthen** /léŋkθn/ 他 〜を長くする

Please **lengthen** the sleeves.
袖を長くしてください。
派 □ **length** /léŋkθ/ 名 長さ

032 **fasten** /fǽsn | fáːsn/ 他 〜を締める；〜を固定する

Please **fasten** your safety belt.
安全ベルトを締めてください。

033 **loosen** /lúːsn/ 他 〜を緩める

He **loosened** his tie.
彼はネクタイを緩めた。
派 □ **loose** /lúːs/ 形 固定していない；緩んだ

>> 第1章　応用動詞　★

034 award
/əwɔ́ːrd/

他 ～に（賞を）与える　名 賞

I was happy to hear that Nancy was **awarded** first prize.
私はナンシーが優勝したと聞いて嬉しかった。

035 compose
/kəmpóuz/

他 ～を作曲する；～を構成する

Mary is good at **composing** music.
メアリーは作曲するのが得意である。

派 □ composition /kàmpəzíʃən | kɔ̀m-/　名 構成；作曲；作文

036 wave
/wéiv/

他 ～を振る

They **waved** their national flags.
彼らは国旗を振った。

037 clap
/klǽp/

他 （手を）たたく

They **clapped** their hands.
彼らは手をたたいた。

038 ban
/bǽn/

他 ～を禁止する　名 禁止（令）

Some say that cigarette advertising should be **banned**.
タバコの広告は禁止されるべきだという人たちがいる。

039 cheat
/tʃíːt/

自 他 （～を）だます
名 不正行為；カンニング

Mike **cheated** on the math exam.
マイクは数学のテストでカンニングをした。

57

040 measure
/méʒər/
他 ～を測定する　名 測定；寸法

The nurse **measured** my height.
看護士は私の身長を測定した。

CD-1 / Track 26

041 undertake
/ʌ̀ndərtéik/
他 ～に着手する；～を請け負う

After the earthquake, we had to **undertake** the job of rebuilding the city.
地震の後、私たちはその都市を再建する仕事に着手しなければならなかった。

042 navigate
/nǽvigèit/
他 ～を誘導する

My job is to **navigate** the ship into port.
私の仕事は港の中に船を誘導することだ。

派 □ navigation /næ̀vigéiʃən/　名 誘導

043 recall
/rikɔ́ːl/
他 ～を思い出す

I couldn't **recall** the name of my math teacher.
私は数学の先生の名前を思い出せなかった。

044 oversee
/òuvərsíː/
他 ～を監督する

Mr. Chen **oversees** major projects.
チェン氏は主要なプロジェクトを監督する。

045 restore
/ristɔ́ːr/
他 ～を取り戻す；～を回復する

The mayor is trying to **restore** the citizens' confidence.
市長は市民の信頼を取り戻そうとしている。

派 □ restoration /rèstəréiʃən/　名 回復

≫ 第 1 章　応用動詞　★

---

046 embarrass
/imbǽrəs/
他 〜を当惑させる

Johnny was **embarrassed** when he couldn't answer an easy question.
ジョニーは易しい質問に答えられなかったときに、恥ずかしい思いをした。
派 □ embarrassment /imbǽrəsmənt/　名 当惑

---

047 depress
/diprés/
他 〜を意気消沈させる

The thought of working overtime every day **depressed** me.
毎日残業することを考えると気がめいりました。
派 □ depression /dipréʃən/　名 憂うつ；不況

---

048 astonish
/əstániʃ | -tɔ́n-/
他 〜を驚かせる

The strange noise **astonished** me.
私は変な物音にびっくりした。
派 □ astonishment /əstániʃmənt | -tɔ́n-/　名 驚き

---

049 imitate
/ímətèit/
他 〜をまねる

Most children learn by **imitating** their parents.
たいていの子供たちは親を手本に学ぶ。
派 □ imitation /ìmətéiʃən/　名 模倣；模造品

---

050 flatter
/flǽtər/
他 〜にお世辞を言う；〜を褒める

The parents **flattered** their daughter on her cooking.
両親は娘の料理を褒めた。
派 □ flattery /flǽtəri/　名 お世辞

051 generate
/dʒénərèit/
他 ～を生み出す

They are trying to **generate** new ideas for advertising a new mobile phone.
彼らは新型の携帯電話を宣伝するために新しいアイデアを考え出そうとしている。
派 □ generation /dʒènəréiʃən/ 名 発電；世代

052 resume
/rizjú:m/
他 ～を再開する

They **resumed** the meeting after a five-minute break.
彼らは5分間の休憩後、ミーティングを再開した。

053 enroll
/inróul/
自 他 （～を）登録する

Mary **enrolled** in the cooking course.
メアリーは料理講座に登録した。
派 □ enrollment /inróulmənt/ 名 登録

054 enrich
/inrítʃ/
他 ～を豊富にする

This training course will **enrich** your knowledge.
この研修コースはあなたの知識を充実させます。

055 vary
/vǽri/
自 変化する；多様である
他 ～を変化させる

The price of vegetables **varies** according to the season.
野菜の価格は季節によって変わる。
派 □ variety /vəráiəti/ 名 多様性
　 □ various /vǽəriəs/ 形 さまざまな

056 expose
/ikspóuz | eks-/
他 ～をさらす；～を露出する

Don't **expose** your skin to strong sunlight.
肌を強い太陽光線にさらしてはいけない。

第1章　応用動詞 ★

057 vanish
/vǽniʃ/
自 消える

The monkey **vanished** into the forest.
そのサルは森の中に消えた。

058 eliminate
/ilímənèit/
他 ～を削除する

They **eliminated** Lisa's name from the list.
彼らはリサの名前をリストから削除した。
派 □ elimination /ilìmənéiʃən/　名 削除

059 worsen
/wə́ːrsn/
自 悪化する

The political situation **worsened** this week.
政情は今週悪化した。

060 endanger
/indéindʒər/
他 ～を危うくする

Overworking **endangers** your health.
働きすぎは健康を損ねる。
派 □ endangered /indéindʒərd/　形 絶滅危惧の

🎧 CD-1 / Track 28

061 ruin
/rúːin/
他 ～をだめにする

A bad rumor **ruined** my career.
悪いうわさが私のキャリアを台無しにした。

062 collapse
/kəlǽps/
自 崩壊する　名 崩壊

The roof **collapsed**.
屋根が崩落した。

063 **unite**
/junáit/

自 団結する　他 〜を団結させる

The labor union members should **unite** in order to get a pay raise.
組合員は賃上げを獲得するために団結しなければなりません。

064 **attain**
/ətéin/

他 〜を達成する

Sandra **attained** a high standard in her schoolwork.
サンドラは学業で好成績を得た。

065 **debate**
/dibéit/

自他 (〜について) 討論する
名 討論；議論

We **debated** whether we should open a new branch office in Hong Kong or not.
私たちは香港に新しい支店を開設すべきかどうか討論した。

066 **relate**
/riléit/

自 関係する　他 〜を関係づける

He is studying about how the weather **relates** to crime levels.
彼は天候が犯罪率とどう関係するかについて研究している。

派 □ **relationship** /riléiʃənʃip/　名 関係

067 **command**
/kəmǽnd | -máːnd/

他 〜に命令する；〜を指揮する

They did as their officer **commanded**.
彼らは教官の指示通りのことをした。

068 **insert**
/insə́ːrt/

他 〜を挿入する

Insert your ticket in the machine and the gate will open.
機械に切符を挿入するとゲートが開きます。

>> 第1章 応用動詞

069 react
/riǽkt/
自 反応する

＊react to =「〜に反応する」
I don't know how our branch manager will **react** to this situation.
私は支店長がこの状況にどう反応するのかわからない。
派 □ **reaction** /riǽkʃən/ 名 反応

070 thrill
/θríl/
他 〜を興奮させる

Her dancing **thrilled** the audience.
彼女のダンスは観客を興奮させた。

CD-1 / Track 29

071 chase
/tʃéis/
他 〜を追跡する

Two police officers are **chasing** the thief right now.
2人の警察官が今、泥棒を追跡中だ。

072 bury
/béri/
他 〜を埋める；〜を埋葬する

My grandparents are **buried** in Montana Cemetery.
私の祖父母はモンタナ墓地に埋葬されている。
派 □ **burial** /bériəl/ 名 埋葬

073 bite
/báit/
他 〜を噛む

You should not **bite** your fingernails.
つめを噛んではいけません。

074 swallow
/swάlou | swɔ́l-/
他 〜を飲み込む

The baby was taken to the hospital after **swallowing** a small key.
その赤ちゃんは小さな鍵を飲み込んだ後で病院に連れていかれた。

075 seal
/síːl/ 他 〜の封をする

Don't forget to **seal** the envelope.
封筒の封をするのを忘れないでください。

076 overlook
/òuvərlúk/ 他 〜を見落とす；〜を見渡す

Please don't **overlook** spelling mistakes.
スペルのミスを見逃さないように。

077 overdo
/òuvərdúː/ 他 〜をやり過ぎる

Exercising moderately is good, but don't **overdo** it.
適度に運動するのは良いことだが、やり過ぎないように。

078 outweigh
/àutwéi/ 他 〜より重要である

Mr. Smith says that practice **outweighs** theory in sports.
スミス氏は、スポーツにおいては理論より練習の方が大切だと述べている。

079 stir
/stə́ːr/ 他 〜をかき混ぜる

Stir this potato soup slowly.
このポテトスープをゆっくりとかき混ぜてください。

080 formulate
/fɔ́ːrmjəlèit/ 他 〜を策定する；〜を練り上げる

The government is going to **formulate** a new policy on senior citizens.
政府は高齢者のための新たな政策を策定するつもりだ。

081 reverse
/rivə́:rs/
他 ～を覆す；～を反転する

The personnel department **reversed** the decision.
人事部はその決定を覆した。

082 spill
/spíl/
他 ～をこぼす

I **spilled** some orange juice on my jacket.
オレンジジュースをジャケットにこぼしてしまった。

083 starve
/stá:rv/
自 飢えに苦しむ；餓死する

＊ be starving [starved] ＝口語で「とても空腹だ」の意味もある。

Many children are **starving** in poor countries.
貧しい国では多くの子供たちが飢えに苦しんでいる。

派 □ starvation /stɑ:rvéiʃən/ 名 飢餓；餓死

084 overturn
/òuvərtə́:rn/
他 ～を覆す

The new committee members **overturned** the decision.
新しい委員会のメンバーは決定を覆した。

085 regain
/rigéin/
他 ～を取り戻す

Mr. Smith **regained** control of the company.
スミス氏は会社の支配権を取り戻した。

086 breed
/brí:d/
自 繁殖する

It is surprising that rats can **breed** every six weeks.
ネズミが6週間ごとに繁殖できるとは驚きである。

087 ascertain
/æ̀sərtéin/
他 ～を確認する；～を突きとめる

They haven't **ascertained** the reason for the product's popularity.
彼らはその商品の人気の理由を突きとめなかった。

088 crash
/kræʃ/
自 墜落する

The plane **crashed** in the mountains.
飛行機は山中に墜落した。

089 rotate
/róuteit | -́-/
他 ～を回転させる
自 回転する；交代制にする

To close the bottle, **rotate** the cap to the right until it clicks.
ビンを閉めるには、ふたがカチッと音がするまで右に回してください。

派 □ rotation /routéiʃən/ 名 回転；交代

090 trace
/tréis/
他 ～を見つけ出す；～を追跡する

The police have been trying to **trace** the missing child.
警察は行方不明の子供を見つけ出そうとしている。

🎵 CD-1 / Track 31

091 flatten
/flǽtn/
他 ～を倒す；～を平板化する

The crops were **flattened** by a storm.
作物は嵐でなぎ倒された。

派 □ flat /flǽt/ 形 平らな

092 mark
/má:rk/
他 ～に印をつける；～を採点する

Ms. White **marked** her students' term exam yesterday.
ホワイト先生は昨日、生徒の学期テストの採点をした。

>> 第1章 応用動詞 ★

093 swing
/swíŋ/
他 ～をぶらぶらさせる

The little boy on the high chair was **swinging** his legs.
高いイスに座った男の子は足をぶらぶらさせていた。

094 transform
/trænsfɔ́ːrm/
自 変化［形］する

A tadpole **transforms** into a frog.
オタマジャクシはカエルに変化する。
派 □ transformation /trænsfərméiʃən/ 名 変形；変質

095 transplant
/trænsplǽnt/
他 ～を植え替える

My mother **transplanted** some flowers from their pots into the garden.
私の母は鉢植えの花を庭へ植え替えた。
派 □ transplantation /trænsplæntéiʃən/ 名 移植

096 tremble
/trémbl/
自 震える

I **trembled** with shock.
私はショックで震えた。

097 peak
/píːk/
自 頂点に達する

Every year sales of teddy bears in Japan **peak** before Christmas.
日本では毎年、テディベアの売り上げはクリスマスの前にピークに達する。

098 scratch
/skrǽtʃ/
他 （かゆいので）～をかく

My five-year-old son asked me to **scratch** his back.
5歳の息子は、私に背中をかくよう頼んだ。

67

099 **bark**
/bɑ́ːrk/

自 吠える

A **barking** dog seldom bites.
よく吠える犬はめったに噛まない。

100 **rub**
/rʌ́b/

他 ～をこする

The doctor told me to **rub** this lotion into the skin.
医者は私にこのローションを肌にすりこむようにと言った。

One-Point Lesson 1

● 動詞

　単語問題の中で一番出題されるのが動詞です。動詞については、その語の意味だけでなく、用例もしっかり学習しましょう。例えば、準2級レベルなら、discoverは「～を発見する」という意味を知っていればOKでしたが、2級レベルでは、「～をわかる」という意味があることも覚えておく必要があります。また、employには「～を雇う」だけでなく、「～を使用する」の意味があることも覚えましょう。

第2章

名詞

ゼッタイ合格300語

最重要名詞　★★★ ……………………… 70
重要名詞　　★★ ………………………… 88
応用名詞　　★ …………………………… 106

最重要名詞
★★★

CD-1 / Track 32

001 opportunity
/ɑ̀pərtjúːnəti | ɔ̀p-/
名 機会

This is a good **opportunity** for you to exchange information and communicate with other participants.
これは、他の参加者と情報交換しコミュニケーションをはかる良い機会です。

002 occasion
/əkéiʒən/
名 場合；時；記念すべき日

Today is a special **occasion**, because it is my 60th birthday.
今日は私の60歳の誕生日なので、特別な日です。

003 achievement
/ətʃíːvmənt/
名 業績；達成

The basketball team is proud of its **achievement**.
バスケットボールチームは彼らの実績を誇りに思っている。
派 □ achieve /ətʃíːv/ 他 〜を達成する

004 aim
/éim/
名 目的；目標

The **aim** of studying foreign languages is to promote cross-cultural communication.
外国語を勉強する目的は異文化コミュニケーションを促進することだ。

005 confidence
/kánfədəns | kɔ́n-/
名 自信

Successful applicants must show their **confidence** during job interviews.
採用される応募者は就職面接で自信を見せなければならない。
派 □ confident /kánfədənt | kɔ́n-/ 形 自信のある

▶ 70

>> 第2章　最重要名詞　★★★

006 approval
/əprúːvəl/
名 承認

We need our supervisor's **approval**.
私たちは上司の承認が必要だ。
派 □ approve /əprúːv/ 他 〜を承認する

007 competition
/kàmpətíʃən | kɔ̀m-/
名 競争

Strong **competition** from other companies is damaging our sales.
他社との激しい競争が、我が社の売り上げに打撃を与えている。
派 □ compete /kəmpíːt/ 自 競争する

008 development
/divéləpmənt/
名 発達；発展；開発

Nancy is teaching child **development** to young mothers.
ナンシーは若い母親たちに子供の発育について教えている。
派 □ develop /divéləp/ 自 発達する 他 〜を開発する

009 strength
/stréŋkθ/
名 力

He doesn't even have the **strength** to walk.
彼には歩く力さえなかった。
派 □ strong /strɔ́ːŋ | strɔ́ŋ/ 形 強い

010 connection
/kənékʃən/
名 関係

You must see the **connection** between cancer and smoking.
がんと喫煙の関連性を知らなければならない。
派 □ connect /kənékt/ 他 〜を関連づける

CD-1 / Track 33

011 expression
/ikspréʃən/
名 表情；表現

＊have an expression＝「表情を浮かべる」

My mother had a sad **expression** on her face.
私の母は悲しそうな表情を浮かべた。

012 intention
/inténʃən/
名 意図

My rival's **intentions** are not clear.
私のライバルの意図は明らかではない。

派 □ intend /inténd/ 他 ～を意図する

013 source
/sɔ́ːrs/
名 源；原因

Lemons are an excellent **source** of vitamins.
レモンはビタミンの良い供給源である。

014 value
/vǽljuː/
名 価値；重要性
他 ～を評価する

It is important to know the **value** of market research.
市場調査の価値を認識することが重要だ。

015 content
/kάntent | kɔ́n-/
名 中身；内容

I don't know why the security guard checked the **contents** of my bag so carefully.
警備員が、なぜ私のカバンの中身をそんなに注意深く調べたのかわからない。

016 aspect
/ǽspekt/
名 側面

Group harmony is a very important **aspect** of Japanese business.
集団の和は日本のビジネスの重要な一面である。

≫ 第2章　最重要名詞　★★★

017 situation
/sìtʃuéiʃən/
名 状況

You should know how serious the **situation** is.
あなたはどれだけ状況が深刻かを知らなければいけない。

018 circumstance
/sə́:rkəmstæns/
名 状況

The production department can change the scale of production according to **circumstances**.
生産部は状況に応じて生産規模を変えることができる。

019 desire
/dizáiər/
名 願望　他 ～を強く望む

Nancy seems to have no **desire** to become famous.
ナンシーは有名になりたいという願望がないように思われる。

020 attempt
/ətémpt/
名 試み

After several **attempts**, she finally passed the CPA exam.
何回かの試みの後、彼女はとうとう公認会計士の試験に合格した。

🎧 CD-1 / Track 34

021 evidence
/évədəns/
名 証拠

There was no **evidence** that Linda had stolen the ring.
リンダが指輪を盗んだという証拠はなかった。

022 impression
/impréʃən/
名 印象；感銘

My **impression** of our new accountant is that he is diligent.
新しい経理係に対する私の印象では、彼は勤勉だ。

派 □ impress /imprés/　他 ～に印象づける

73

023 room
/rúːm/

名 (〜の) 余地；(〜する) 機会

There is no **room** for improvement.
改善の余地はない。

024 detail
/ditéil | díːteil/

名 詳細

I'd like to know the **details** of the company picnic.
会社のピクニックの詳細について知りたいです。

025 attention
/əténʃən/

名 注意；注目；配慮

Linda became the focus of public **attention**.
リンダは世間の注目の的になった。

026 emotion
/imóuʃən/

名 感情

Mary always shows her **emotions**, so I can easily understand her feelings.
メアリーはいつも感情を外に出すので、彼女の気持ちはすぐにわかる。

派 □ emotional /imóuʃənəl/ 形 感情的な

027 sorrow
/sɔ́ːrou | sɔ́r-/

名 悲しみ

Though he was sad, he didn't express his **sorrow**.
彼は悲しかったけれど、悲しみを表さなかった。

028 courage
/kə́ːridʒ | kʌ́r-/

名 勇気

He didn't have enough **courage** to try bungee jumping.
彼はバンジージャンプに挑戦する十分な勇気がなかった。

派 □ encourage /inkə́ːridʒ | -kʌ́r-/ 他 〜に勇気を与える
　　□ courageous /kəréidʒəs/ 形 勇気のある

>> 第2章　最重要名詞　★★★

029 opposition
/ὰpəzíʃən | ɔ̀p-/
名 反対

Despite the strong **opposition** from the local people, the new airport was constructed.
地元の人々の強い反対にもかかわらず、新空港が建設された。

派 □ oppose /əpóuz/　他 自 (〜に) 反対する

030 advantage
/ədvǽntidʒ | -vάːn-/
名 利点

This new membership card has several **advantages** over the old one.
この新しい会員カードは古いものに比べていくつかの利点がある。

派 □ advantageous /ædvəntéidʒəs/　形 有利な
反 □ disadvantage /dìsədvǽntidʒ | -vάːn-/　名 不利

🎵 CD-1 / Track 35

031 benefit
/bénifit/
名 恩恵；利点

You can see the **benefits** of a change in the law.
法律改正の利点がわかるでしょう。

派 □ beneficial /bènifíʃəl/　形 有益な

032 complaint
/kəmpléint/
名 苦情

The new hotel clerk received a lot of **complaints** from the guests.
ホテルの新しい受付係は客から多くの苦情を受けた。

派 □ complain /kəmpléin/　自 苦情を言う

033 apology
/əpάlədʒi | əpɔ́l-/
名 謝罪

Please accept our sincere **apologies**.
心よりお詫び申し上げます。

派 □ apologize /əpάlədʒàiz | əpɔ́l-/　自 謝罪する

034 rumor
/rúːmər/
名 うわさ

I heard a **rumor** that you're moving to Calgary.
あなたがカルガリーに引っ越すといううわさを聞きました。

035 experience
/ikspíəriəns | eks-/
名 経験

She doesn't have any **experience** as a sales clerk.
彼女は販売員としての経験がない。

036 habit
/hǽbit/
名 癖

Judith has a bad **habit** of biting her nails.
ジュディスはつめを噛む悪い癖がある。

037 attitude
/ǽtətjùːd/
名 態度

Cathy took a negative **attitude** toward her new job.
キャシーは新しい仕事に消極的な態度をとった。

038 tendency
/téndənsi/
名 傾向

Young people have a **tendency** to change jobs.
若者は転職する傾向がある。

039 effort
/éfərt/
名 努力

It takes a lot of **effort** to master a foreign language.
外国語を習得するにはかなりの努力が必要だ。

>> 第2章　最重要名詞　★★★

040 result
/rizʌ́lt/
名 結果

The **result** of the entrance examination will be announced tomorrow.
入学試験の結果は明日発表される。

🎵 CD-1 / Track 36

041 outcome
/áutkʌ̀m/
名 結果；成果

I want to know the **outcome** of the election.
私は選挙の結果を知りたい。

042 effect
/ifékt/
名 影響力

My speech didn't have the **effect** that I had hoped for.
私のスピーチは望んでいたほどの影響力がなかった。

043 surface
/sə́ːrfəs/
名 表面

The **surface** of the dining table is smooth.
ダイニングテーブルの表面は滑らかだ。

044 injury
/índʒəri/
名 怪我

I had an ankle **injury**.
私は足首の怪我をした。

045 symptom
/símptəm/
名 症状

The doctor explained the **symptoms** of flu.
その医師は流感の症状を説明した。

046 furniture
/fə́ːrnitʃər/
名 家具

＊不可算名詞

We decided to buy some second-hand office **furniture**.
私たちは中古のオフィス家具を購入することに決めた。

047 clothing
/klóuðiŋ/
名 衣類

＊集合名詞

We bought a lot of winter **clothing** for the trip.
私たちは旅行のために多くの冬物の衣類を購入した。

048 destination
/dèstinéiʃən/
名 目的地；行き先

Kyoto is one of the most popular **destinations** for foreign tourists.
京都は外国人観光客にとって一番人気のある目的地の１つだ。

049 direction
/dirékʃən | dai-/
名 道順；方向

Mike is asking for **directions** to his seat.
マイクは彼の席へ行く経路を尋ねている。

派 □ **direct** /dirékt | dai-/ 他 〜に道を教える；〜を指揮する　形 直接の

050 distance
/dístəns/
名 距離

Do you know the **distance** between Sydney and Canberra?
シドニーとキャンベラの間の距離を知っていますか。

派 □ **distant** /dístənt/ 形 遠い

>> 第2章　最重要名詞　★★★

051 **transportation**
/trænspərtéiʃən | -pɔː-/

名 輸送機関

The public **transportation** system in Japan is highly developed.
日本の公共交通機関は高度に発達している。
派 □ transport /trænspɔ́ːrt/　他 ～を輸送する

052 **fare**
/féər/

名 運賃

Look at the **fare** chart before you get on the bus.
バスに乗車する前に運賃表を見なさい。

053 **vehicle**
/víːəkəl | víːhi-/

名 車；(通例、陸上の) 乗り物

Some **vehicles** are lined up near the construction site.
数台の車両が建設現場の近くに並んでいる。

054 **landscape**
/lǽndskèip/

名 景色

I'm going to take pictures of natural **landscapes** in Switzerland.
私はスイスで自然の風景の写真を撮るつもりだ。

055 **decade**
/dékeid | dikéid/

名 10年

ABC Corporation has been a leader in the apparel industry for three **decades**.
ABC社は衣料業界で30年間もリーダーであり続けている。

056 **account**
/əkáunt/

名 口座

I opened a savings **account** at my local bank.
私は地元の銀行で普通預金口座を開いた。

057 document
/dákjəmənt | dɔ́kju-/

名 文書；書類

This is a 25-page **document**.
これは25ページの文書です。

058 decline
/dikláin/

名 減少　自 減少する

There was a sharp **decline** in sales last year.
昨年、売り上げは大幅に減少した。

059 receipt
/risíːt/

名 領収書

If you have a **receipt**, you can apply for a refund.
領収書をお持ちであれば、払い戻しを申請できます。

060 cost
/kɔ́ːst | kɔ́st/

名 費用　他（費用が）かかる

The total **cost** for this trip is $500.
この旅行の総費用は500ドルだ。

CD-1 / Track 38

061 bill
/bíl/

名 料金；請求書

I'm calling about my electricity **bills**.
自宅の電気料金の件でお電話しているのですが。

062 fee
/fíː/

名 料金

The membership **fee** of the fitness club has increased.
フィットネスクラブの会員料金が上がった。

>> 第2章　最重要名詞　★★★

063 client
/kláiənt/
名 顧客

She is going to meet five **clients** this afternoon.
彼女は今日の午後、5人の顧客と会う予定だ。

064 audience
/ɔ́:diəns/
名 聴衆

*〈an audience of + 数〉=「～人の聴衆」
I made a speech in front of an **audience** of 500 people.
私は500人の聴衆の前でスピーチをした。

065 acquaintance
/əkwéintəns/
名 知人

Peter is not my friend, but only an **acquaintance**.
ピーターは私の友人ではなく、単なる知り合いです。

066 relative
/rélətiv/
名 親類

Most of my **relatives** live in California.
私の親戚のほとんどはカリフォルニアに住んでいる。

067 resident
/rézədənt/
名 居住者

Most of the **residents** in this city complain about the public transportation system.
この都市のほとんどの住民は、公共交通機関に不満をこぼしている。

068 community
/kəmjú:nəti/
名 地域社会

They have an annual **community** festival in October.
彼らは10月に、毎年恒例の地域のお祭りを開く。

069 mayor
/méiər/
名 市長

A new **mayor** was chosen in the election.
新しい市長が選挙で選出された。

070 agreement
/əgríːmənt/
名 契約（書）；合意

Did you read the **agreement** before signing it?
署名する前に、契約書を読みましたか。

反 □ **disagreement** /dìsəgríːmənt/ 名 不一致；反対

🌸 CD-1 / Track 39

071 concern
/kənsə́ːrn/
名 関心事
他 〜に関係する；〜を心配させる

It is not my **concern**.
それは私の知ったことではない。

072 budget
/bʌ́dʒət/
名 予算

The rates at the Sunset Hotel are within our **budget**.
サンセットホテルの料金は我々の予算内である。

073 income
/ínkʌm/
名 収入

I have to live within my **income**.
私は収入の範囲内で生活しなければならない。

074 expenses
/ikspénsəz/
名 （通例、複数）経費

Mary has to reduce her entertainment **expenses**.
メアリーは娯楽費用を減らさなければならない。

>> 第2章　最重要名詞　★★★

075 notice
/nóutəs/
名 通知；告知

I read the **notice** on the increase in the bus fares.
バス運賃の値上げについての告知を読んだ。

076 envelope
/énvəlòup/
名 封筒

Please use this return **envelope**.
この返信用封筒をご利用ください。

077 admission
/ədmíʃən/
名 入場（料）

Admission is free on Wednesday.
水曜日は入場料が無料である。

派 □ admit /ədmít/ 他 〜を認める

078 absence
/ǽbsəns/
名 欠席

I was asked the reason for my **absence** from the history class.
私は歴史のクラスを欠席した理由を尋ねられた。

派 □ absent /ǽbsənt/ 形 欠席して

079 period
/píəriəd/
名 期間

Please use this lotion for a trial **period** of five days.
このローションを5日間のお試し期間中にご使用ください。

080 crowd
/kráud/
名 群衆

She walked through the **crowd**.
彼女は群衆の中を歩いて進んだ。

081 industry
/índəstri/
名 産業

My dream is to work in the travel **industry**.
私の夢は旅行業界で働くことだ。

082 agriculture
/ǽgrikʌ̀ltʃər/
名 農業

I have decided to major in **agriculture** because I like to grow organic vegetables.
私は有機野菜の栽培が好きなので農業を専攻することに決めた。

083 theme
/θíːm/
名 テーマ

The **theme** of the conference hasn't been decided yet.
会議のテーマはまだ決定されていない。

084 theory
/θíːəri | θíə-/
名 理論

It is difficult for me to understand this scientific **theory**.
私には、この科学理論を理解するのは難しい。

085 degree
/digríː/
名 学位；程度

Jenny took a doctoral **degree** last year.
ジェニーは昨年、博士号を取得した。

086 currency
/kə́ːrənsi | kʌ́r-/
名 貨幣；通貨

What's the name of the **currency** used in Thailand?
タイで使われている通貨の名前は何ですか。

≫ 第2章　最重要名詞　★★★

087 figure
/fígjər/
名 数字；図形；人物

Please look at our monthly sales **figures**.
弊社の1ヵ月の売上高をご覧ください。

088 loss
/lɔ́:s | lɔ́s/
名 損失

The ABC convenience store is suffering heavy business **losses**.
ABCコンビニエンスストアは、大きな事業損失に苦しんでいる。
派 □ lose /lú:z/　他 ～を失う

089 material
/mətíəriəl/
名 資料；材料

Please take a look at the **material** in front of you.
お手元の資料をご覧ください。

090 clerk
/klə́:rk | klá:k/
名 事務員；店員

My husband is a bank **clerk** and I am a shop **clerk**.
私の夫は銀行員で、私は店員だ。

🎵 CD-1 / Track 41

091 exhibit
/igzíbit/
名 展示；展示会　他 ～を展示する

We need some Chinese vases for the **exhibit**.
展覧会のために中国の花瓶がいくつか必要だ。

092 instrument
/ínstrəmənt/
名 道具；楽器

Linda is good at playing musical **instruments** such as the guitar, piano and violin.
リンダは、ギター、ピアノ、バイオリンなどの楽器の演奏が得意だ。

093 equipment
/ikwípmənt/ 名 道具；装置

＊不可算名詞
The Montana Clinic bought some new medical **equipment**.
モンタナ・クリニックは新しい医療機器を購入した。

派 □ equip /ikwíp/ 他 ～を装備する

094 facility
/fəsíləti/ 名 施設

The **facility** was not large enough for the number of patients.
施設は患者の数に対して十分な大きさではなかった。

095 device
/diváis/ 名 装置

This is a fire-alarm **device** for companies.
これは会社向けの火災警報装置である。

096 quality
/kwáləti | kwɔ́l-/ 名 品質

The water **quality** improved to normal level this morning.
今朝、水質は標準レベルまで改善された。

097 surgery
/sə́ːrdʒəri/ 名 (外科) 手術

I had **surgery** on my right knee.
私は右ひざの手術を受けた。

098 nutrition
/njuːtríʃən/ 名 栄養

Our chef is an expert on **nutrition**.
私たちの料理長は栄養学の専門家だ。

派 □ nutritious /njuːtríʃəs/ 形 栄養価の高い

>> 第2章　最重要名詞　★★★

099 **ingredient**
/ingríːdiənt/

名 材料；要素

Our chef is careful in choosing his **ingredients**.
私たちの料理長は注意して食材を選ぶ。

100 **prescription**
/priskrípʃən/

名 処方せん

The pharmacist fills the **prescription**.
薬剤師が処方せんの薬を調合します。

派 □ **prescribe** /priskráib/　他 （薬を）処方する

Our chef is careful in choosing his ingredients.

One-Point Lesson 2

● 名詞

名詞については、次の3つのポイントを押さえておきましょう。

① 〈of + 抽象名詞〉で形容詞の意味になる。
　例）of help = helpful（役立つ；有益な）
　　　of use = useful（役立つ）

② 〈with + 抽象名詞〉で副詞の意味になる。
　例）with comfort = comfortably（快適に）
　　　with ease = easily（簡単に）

③ おなじみの単語が別の重要な意味を持つ。
　例）room には「部屋」だけでなく、「余地；余裕」の意味がある。

重要名詞 ★★

CD-1 / Track 42

001 ambition
/æmbíʃən/
名 夢；野心

It is my lifelong **ambition** to travel all over the world.
世界中を旅行することが私の一生の夢だ。
派 □ ambitious /æmbíʃəs/ 形 野心のある

002 contribution
/kὰntrəbjúːʃən | kɔ̀n-/
名 寄付；貢献

Thank you very much for your **contributions** to our museum.
当美術館へのご寄付をありがとうございます。
派 □ contribute /kəntríbjuːt/ 自 寄付する；貢献する

003 atmosphere
/ǽtməsfìər/
名 雰囲気；大気

This restaurant has a homey **atmosphere**.
このレストランには家庭的な雰囲気がある。

004 appetite
/ǽpətàit/
名 食欲

I lost my **appetite** because of a cold.
私は風邪をひいたので、食欲がなくなった。

005 motion
/móuʃən/
名 動き

I felt sick and nauseous due to the up-and-down **motion** of the ship.
船が上下に揺れたため、気分が悪くなり吐き気がした。

▶ 88

第2章　重要名詞　★★

006 **pause** /pɔ́:z/   名 中断　他 ～を一時中断する

After a **pause**, Mary said, "I can't agree with this proposal."
ちょっと間をおいてから、メアリーは「私はこの提案に賛成できない」と言った。

007 **warning** /wɔ́:rniŋ/   名 警告；注意

Cigarette packs always have health **warnings** on them nowadays.
最近では、タバコの箱に健康への害を示す警告文が必ず書かれている。

派 □ **warn** /wɔ́:rn/ 他 ～を警告する

008 **anxiety** /æŋzáiəti/   名 心配

My **anxiety** about my son grew.
私の息子に対する心配がつのった。

派 □ **anxious** /ǽŋkʃəs/ 形 心配な

009 **option** /ápʃən | ɔ́p-/   名 選択肢

You have the **option** of paying your membership fees online.
会費をオンラインで支払う選択肢があります。

010 **attraction** /ətrǽkʃən/   名 見どころ；呼び物

The Golden Gate Bridge is a San Francisco tourist **attraction**.
ゴールデンゲートブリッジはサンフランシスコの観光名所だ。

派 □ **attract** /ətrǽkt/ 他 ～を魅了する
　　□ **attractive** /ətrǽktiv/ 形 魅力的な

CD-1 / Track 43

011 consideration
/kənsìdəréiʃən/
名 思いやり；考慮

She didn't show any **consideration** for others.
彼女は人に対する思いやりを示さなかった。
派 □ consider /kənsídər/ 他 ～を考える

012 suggestion
/sədʒéstʃən/
名 提案

Mike's **suggestions** were not practical.
マイクの提案は現実的ではなかった。
派 □ suggest /sədʒést/ 他 ～を提案する

013 judgment
/dʒʌ́dʒmənt/
名 判断；判断力

My boss has good **judgment**.
私の上司には優れた判断力がある。
派 □ judge /dʒʌ́dʒ/ 他 ～を判断する

014 determination
/ditə̀ːrminéiʃən/
名 決意

Mary showed a great **determination** to learn Chinese.
メアリーは中国語を学ぶ固い決意を示した。
派 □ determine /ditə́ːrmin/ 他 ～を決意する

015 convenience
/kənvíːnjəns/
名 便利；好都合

We are going to move to an urban area for the **convenience** of our children.
私たちは子供が便利なように都会に引っ越すつもりだ。
派 □ convenient /kənvíːnjənt/ 形 便利な

≫ 第2章　重要名詞　★★

016 inconvenience
/ìnkənvíːnjəns/
名 不便；迷惑

I am sorry for the **inconvenience**, but I have to check the gas meter.
ご迷惑をおかけしてすみませんが、ガスメーターをチェックさせていただきます。

派 □ inconvenient /ìnkənvíːnjənt/　形 不便な

017 custom
/kʌ́stəm/
名 習慣

Customs differ from country to country.
習慣は国ごとに異なる。

018 depth
/dépθ/
名 深さ

The **depth** of the swimming pool is 1.3 meters.
スイミングプールの深さは1.3メートルだ。

派 □ deep /díːp/　形 深い

019 image
/ímidʒ/
名 イメージ；像

Press this button, and the **image** will be printed out.
このボタンを押すと、画像が印刷されます。

020 percentage
/pərséntidʒ/
名 百分率；パーセント

I was asked what **percentage** of my income I save every month.
私は毎月、収入の何パーセントを貯蓄しているか質問された。

🎵 CD-1 / Track 44

021 capacity
/kəpǽsəti/
名 収容能力；潜在能力；才能

The auditorium has a **capacity** of 300 people.
講堂は300人を収容する。

022 reduction
/rid́ʌkʃən/

名 削減；値下げ

Drivers are happy to hear of the **reduction** in the price of gasoline.
ガソリン価格の値下げを知って運転手たちは喜んでいる。

派 □ **reduce** /ridjúːs/　他 〜を削減する

023 capital
/kǽpətəl/

名 首都

Canberra is the **capital** of Australia.
キャンベラはオーストラリアの首都だ。

024 planet
/plǽnit/

名 惑星

Did you know that the earth is the third **planet** from the sun?
あなたは地球が太陽から3つ目の惑星であることを知っていますか。

025 brain
/bréin/

名 頭脳

You should use your **brain** to solve this problem.
この問題を解くためには頭を使わなければならない。

026 disaster
/dizǽstər | -záːs-/

名 災害

The earthquake last month was the worst natural **disaster** in this country for two centuries.
先月の地震は過去2世紀の間に起こったこの国の自然災害でも最悪のものだった。

027 waste
/wéist/

名 無駄使い；廃棄物
他 〜を無駄にする

Spending a lot on clothes is a **waste** of money.
衣服に多くのお金を費やすことは無駄使いだ。

派 □ **wasteful** /wéistfəl/　形 無駄な

≫ 第2章　重要名詞　★★

028 **appearance**
/əpíərəns/

名 外見；出現

Appearance is one of the most important things in job interviews.
外見（身だしなみ）は就職面接で最も大切なことのひとつである。
派 □ appear /əpíər/ 自 現れる

029 **attendance**
/əténdəns/

名 出席

The **attendance** level in the World History class was low.
世界史のクラスの出席率は低かった。
派 □ attend /əténd/ 他 ～に出席する

030 **applause**
/əplɔ́:z/

名 拍手喝采

The audience watching the performance burst into **applause**.
演技を見ていた観客は拍手喝采した。

CD-1 / Track 45

031 **hesitation**
/hèzitéiʃən/

名 ためらい；躊躇

Silvia answered the question without a moment's **hesitation**.
シルビアは一瞬のためらいもなく質問に答えた。
派 □ hesitate /hézitèit/ 自 ためらう

032 **routine**
/ru:tí:n/

名 日常の仕事；いつもの手順

After his holiday, it was hard for Ken to return to his daily **routine**.
ケンは休暇の後、日常の業務に戻るのが難しかった。

033 behavior
/bihéivjər/

名 行動；ふるまい；態度

Your **behavior** at school is not good.
あなたの学校でのふるまいは良くない。
派 □ behave /bihéiv/　自 行動する；ふるまう

034 access
/ǽkses/

名 アクセス；利用する機会
他 ～に接近する；～を入手する

The Embassy Hotel is within easy **access** of the airport.
エンバシーホテルは空港からすぐに行ける距離にある。
派 □ accessible /æksésəbəl/　形 接近しやすい；利用可能な

035 solution
/səlúːʃən/

名 解決（策）；解答

We have to find the **solution** to this problem as quickly as possible.
私たちはこの問題の解決方法を早急に見つけなければならない。
派 □ solve /sálv | sɔ́lv/　他 ～を解決する

036 opponent
/əpóunənt/

名 対戦相手

In the boxing match yesterday, Mark knocked out his **opponent** within one minute.
昨日のボクシングの試合で、マークは1分もたたないうちに対戦相手にKO勝ちした。

037 defeat
/difíːt/

名 敗北　他 ～を負かす

The team had five victories and two **defeats** in June.
そのチームは、6月は5勝2敗だった。

▶ 94

>> 第2章　重要名詞　★★

038 **description**
/dɪskrípʃən/
名 説明；記述；描写

Could you write a **description** of your baggage on this form?
お客様の荷物の詳細を、この用紙に記入していただけますか。

派 □ **describe** /dɪskráɪb/　他 ～を詳しく説明する

039 **object**
/ábdʒekt | ɔ́b-/
名 物体

Please look at this round **object**.
どうぞこの丸い物体をご覧ください。

040 **objection**
/əbdʒékʃən/
名 反対

The local residents' main **objection** to the construction of the factory is the air pollution.
地元住民が工場建設に反対する最大の理由は、大気汚染である。

🎵 CD-1 / Track 46

041 **conflict**
/kɑ́nflɪkt | kɔ́n-/
名 対立；衝突　自 対立する

You should avoid **conflicts** with others.
あなたは人との対立を避けたほうがいい。

042 **revolution**
/rèvəlúːʃən/
名 革命

We are studying the Industrial **Revolution** in our World History class.
私たちは世界史の授業で産業革命について勉強している。

95

043 survey
/sə́rvei/
名 調査

The **survey** shows that 70 percent of Japanese children have their own mobile phones.
調査によれば、日本の子供の70%が自分の携帯電話を所有している。

044 permission
/pərmíʃən/
名 許可

Mark used his father's car without **permission**.
マークは父親の車を許可なく使った。
派 □ permit /pərmít/ 他 〜を許可する

045 fame
/féim/
名 名声

I need **fame** rather than fortune.
私は富よりも名声が欲しい。
派 □ famous /féiməs/ 形 有名な

046 recognition
/rèkəgníʃən/
名 認識

I am going to buy some voice **recognition** software.
私は音声認識ソフトを購入するつもりです。
派 □ recognize /rékəgnàiz/ 他 〜を認識する

047 award
/əwɔ́:rd/
名 賞 ; 賞品 ; 賞金

The winner received an **award** of $500.
優勝者は500ドルの賞金を受け取った。

048 refrigerator
/rifrídʒərèitər/
名 冷蔵庫

You should keep meat in the **refrigerator**.
肉は冷蔵庫で保存しなければなりません。

▶ 96

>> 第2章　重要名詞　★★

049 consumption
/kənsʌ́mpʃən/
名 消費

The **consumption** of ice cream went down due to the cool summer this year.
今年は冷夏のためにアイスクリームの消費が減少した。

派 □ **consumer** /kənsjúːmər/　名 消費者
　　□ **consume** /kənsjúːm/　他 〜を消費する

050 satisfaction
/sæ̀tisfǽkʃən/
名 満足

Customer **satisfaction** is our top priority.
顧客満足度は私たちの最優先事項である。

派 □ **satisfy** /sǽtisfài/　他 〜を満足させる

CD-1 / Track 47

051 luxury
/lʌ́gʒəri | lʌ́kʃəri/
名 ぜいたく（品）；高級
形 ぜいたくな

I can't afford **luxuries** like staying at five-star hotels.
私には5つ星ホテルに滞在するようなぜいたくをする余裕はありません。

派 □ **luxurious** /lʌgʒúəriəs/　形 ぜいたくな

052 trend
/trénd/
名 流行

If current **trends** continue, the number of foreign tourists will increase.
現在の傾向が続けば、外国人旅行者数は増加するだろう。

053 shortage
/ʃɔ́ːrtidʒ/
名 不足

The **shortage** of skilled engineers is a big problem for the company.
熟練工の不足は我が社にとって大きな問題だ。

054 disappointment
/dìsəpɔ́intmənt/
名 失望；落胆

You shouldn't show feelings of **disappointment** in public.
あなた方は人前で失望の感情を見せるべきではない。
派 □ disappoint /dìsəpɔ́int/ 他 (人を) がっかりさせる

055 response
/rispɑ́ns | -spɔ́ns/
名 返答；反応

The company has to give the labor union a **response** by May 5.
会社は5月5日までに労働組合に返答しなければならない。
派 □ respond /rispɑ́nd | -spɔ́nd/ 自 返答する；反応する

056 reflection
/riflékʃən/
名 反射；反映

The **reflection** of the Golden Pavilion in the pond is beautiful.
池に映る金閣の反映が美しい。
派 □ reflect /riflékt/ 他 ～を反射する；～を反映する

057 legend
/lédʒənd/
名 伝説

Some people believe in **legends**, but others don't.
伝説を信じる人もいるが、信じない人もいる。

058 region
/ríːdʒən/
名 地域

These flowers grow in tropical **regions**.
これらの花は熱帯地域で生育する。

059 district
/dístrikt/
名 地区；地域

To the north of the station there are two residential **districts**.
駅の北側には2つの住宅地がある。

>> 第2章　重要名詞　★★

060 plain
/pléin/
名 平野

This **plain** stretches for miles.
この平野は何マイルも続く。

🎵 CD-1 / Track 48

061 hospitality
/hɑ̀spətǽləti | hɔ̀spi-/
名 もてなし；歓待

This hotel is famous for its **hospitality**.
このホテルは温かいもてなしで有名である。

062 anticipation
/æntìsəpéiʃən/
名 期待；予想

＊ with anticipation ＝「期待して」

I was waiting for my daughter's return from America with **anticipation**.
私は娘のアメリカからの帰国を期待して待っていた。

派 □ **anticipate** /æntísəpèit/ 他 ～を期待する；～を予想する

063 preparation
/prèpəréiʃən/
名 準備

The Christmas party **preparations** are almost complete.
クリスマスパーティーの準備はほとんど終わっている。

派 □ **prepare** /pripéər/ 他 ～を準備する

064 security
/sikjúərəti/
名 安全

We should think about our national **security**.
私たちは、国家の安全について真剣に考えなければならない。

派 □ **secure** /sikjúər/ 他 ～を安全にする 形 安全な

99

065 relief
/rilíːf/
名 安堵；軽減

What a **relief** to find my missing cat!
行方不明の猫を見つけて、安心しました！
派 □ relieve /rilíːv/ 他 ～を安堵させる；～を軽減する

066 site
/sáit/
名 場所

ABC Chemicals is looking for a **site** to build a factory in India.
ABCケミカル社はインドで工場を建設する場所を探している。

067 accuracy
/ǽkjərəsi/
名 正確さ

＊ with accuracy =「正確に」
The budget was computed with **accuracy**.
予算は正確に算出された。
派 □ accurate /ǽkjərət/ 形 正確な

068 experiment
/ikspérəmənt/
名 実験 自 実験をする

Scientific **experiments** must be well planned.
科学的な実験は十分に計画されたものでなければならない。

069 certificate
/sərtífikət/
名 証明書

You must have a teaching **certificate** to apply for the job.
その職に応募するためには教員免許を持っていなければならない。

070 guarantee
/gæ̀rəntíː/
名 保証 他 ～を保証する

There is a three-year **guarantee** on all digital cameras.
すべてのデジタルカメラには3年の保証が付いています。

071 **maintenance**
/méintənəns/

名 保守点検；維持

During the **maintenance** work, you are not able to send or receive any messages.
保守点検作業中は、メッセージの送受信はできません。

派 □ maintain /meintéin/　他 〜を維持する

072 **insurance**
/inʃúərəns/

名 保険

＊不可算名詞

You should get **insurance** on your house.
あなたは家に保険をかけるべきだ。

派 □ insure /inʃúər/　他 〜に保険をかける；〜を保証する

073 **cell**
/sél/

名 細胞

The human body is made up of **cells**.
人間の体は細胞から成り立っている。

074 **virus**
/váiərəs/

名 ウイルス

The flu is caused by a **virus**.
流感はウイルスによって起こる。

075 **phenomenon**
/finámənàn | -nóminən/

名 現象

It's a sort of social **phenomenon**.
それは社会現象の一種だ。

076 **cause**
/kɔ́ːz/

名 原因；理由　他 〜を引き起こす

Heavy traffic is the **cause** of the delay.
交通渋滞が、遅延の理由です。

077 **gap** /gǽp/
名 断絶；隔たり

Mark has never felt a generation **gap** with his parents.
マークは彼の両親との間に世代の断絶を感じたことがない。

078 **means** /míːnz/
名 手段

The horse used to be an important **means** of transportation.
昔は馬が重要な交通手段だった。

079 **factor** /fǽktər/
名 要素

The price was an important **factor** when I decided to buy a car.
私が車の購入を決めたとき、価格は重要な要素だった。

080 **illustration** /ìləstréiʃən/
名 実例；図解

This painting is a good **illustration** of her artistic talent.
この絵は彼女の芸術の才能を如実に示すものだ。

派 □ **illustrate** /íləstrèit/ 他 〜を例証する

CD-1 / Track 50

081 **identification** /aidèntifikéiʃən/
名 身分証明書

You must show your **identification** card at the front desk.
フロントで身分証明書を見せなければなりません。

派 □ **identify** /aidéntəfài/ 他 〜を確認する

082 **issue** /íʃuː/
名 （雑誌などの）号；問題
他 〜を発行する

Do you have the March **issue** of this magazine?
この雑誌の3月号を持っていますか。

▶ 102

>> 第2章　重要名詞　★★

083 feature
/fíːtʃər/

名 特集　他 〜を特集する

Mr. Wax is writing a business **feature** article.
ワックス氏はビジネスの特集記事を書いている。

084 edition
/idíʃən/

名 (刊行物などの) 版

I can't find the morning **edition** of the newspaper.
朝刊が見つからない。

派 □ **edit** /édit/　他 〜を編集する

085 press
/prés/

名 (集合的に) 記者；報道機関

At the **press** conference the governor talked about the new tax system.
記者会見で、知事は新しい税制について話をした。

086 extension
/iksténʃən/

名 内線 (番号)

You should dial **extension** number 3.
内線番号3を押してください。

087 investment
/invéstmənt/

名 投資

This car has been a good **investment**, because I have been using it for 20 years.
この車は20年使用しているので、良い投資となっている。

派 □ **invest** /invést/　他 〜を投資する

088 fund
/fʌ́nd/

名 資金

We need enough **funds** to complete the project.
我が社がそのプロジェクトを完了するためには、十分な資金が必要だ。

103 ◀

089 contract
/kántrækt | kɔ́n-/

名 契約（書）
他 （〜する）契約を結ぶ

The professional baseball player signed at two-year **contract** with the team.
そのプロ野球選手はチームとの２年契約にサインした。

090 signature
/sígnətʃər/

名 署名；調印；サイン

Could you write your **signature** on the document?
書類に署名をいただけますか。

CD-1 / Track 51

091 autograph
/ɔ́:təgræf | -grɑ̀:f/

名 （有名人からもらう）サイン

The **autograph** session attracted about 500 people.
サイン会には約500人が集まった。

092 credit
/krédit/

名 単位；信用

I need six more **credits** to graduate.
私は卒業するためにはあと６単位必要だ。

093 committee
/kəmíti/

名 委員会

We set up a **committee** to improve the town's economy.
私たちは町の経済を改善するために委員会を設立した。

094 position
/pəzíʃən/

名 職；職位

If you want to apply for the **position** of accountant, you have to send your résumé by October 5.
経理の職への応募をご希望の場合は、履歴書を10月5日までにお送りください。

>> 第2章 重要名詞 ★★

095 candidate
/kǽndidèit | -dət/
名 応募者；候補者

I don't know how many **candidates** are running for mayor.
私は何人の候補者が市長に立候補しているのか知らない。

096 conference
/kánfərəns | kɔ́n-/
名 会議

The annual textile **conference** was held on March 12.
年次の繊維会議は3月12日に開催された。

097 expert
/ékspəːrt/
名 専門家

I am not an **expert** in economics.
私は経済学の専門家ではない。

098 charity
/tʃǽrəti/
名 慈善；思いやり

She took care of the poor children out of **charity**.
彼女は思いやりの気持ちから貧しい子供たちの世話をした。

派 □ charitable /tʃǽrətəbəl/ 形 慈悲深い

099 penalty
/pénəlti/
名 罰金；刑罰

Mark paid a **penalty** of $30 for speeding yesterday.
マークは昨日、スピード違反で30ドルの罰金を支払った。

100 punishment
/pʌ́niʃmənt/
名 刑罰；処罰

Do you think this **punishment** fits the crime?
この刑罰はその犯罪に見合うと思いますか。

応用名詞 ★

CD-1 / Track 52

001 popularity
/pàpjəlǽrəti | pɔ̀pju-/
名 人気

The **popularity** of comic books still remains high.
コミック本は依然として人気が高い。

002 reputation
/rèpjətéiʃən/
名 評判

This dictionary has a good **reputation** because of the large number of words in it.
この辞書は語彙が豊富なので評判が良い。

003 admiration
/ædməréiʃən/
名 称賛（の的）

That baseball player has the **admiration** of the whole city.
その野球選手は町中の称賛の的である。

派 □ **admire** /ədmáiər/ 他 ～を称賛する

004 coincidence
/kouínsidəns/
名 偶然（の一致）

It was a **coincidence** that Meg and Darren were from the same town.
メグとダレンが同じ町の出身というのは偶然だった。

派 □ **coincident** /kouínsidənt/ 形 偶然の

005 persuasion
/pərswéiʒən/
名 説得

It takes great powers of **persuasion** to be a successful debater.
論客として成功するには、人を説得する強い力が必要である。

派 □ **persuade** /pərswéid/ 他 ～を納得させる

≫ 第2章　応用名詞　★

006 edge
/édʒ/

名 端

It is dangerous to stand on the **edge** of the platform.
駅のホームの端に立つのは危険だ。

007 household
/háushòuld/

名 世帯；家族　形 世帯の；家族の

Most **households** in this town have at least one computer.
この町では、ほとんどの世帯に少なくとも1台のコンピュータがある。

008 accommodation
/əkɑ̀mədéiʃən | əkɔ̀m-/

名 宿泊設備

You have to pay for your **accommodation**.
あなた自身の宿泊費は払ってもらいますよ。

派 □ accommodate /əkɑ́mədèit | əkɔ́m-/　他 ～を収容する

009 indication
/ìndikéiʃən/

名 兆候；指摘；表示

There are **indications** of inflation.
インフレの兆候がある。

派 □ indicate /índikèit/　他 ～を示す

010 recipe
/résəpi/

名 調理法

Could you please give me the **recipe** for pumpkin soup?
かぼちゃスープの調理法を教えてくださいませんか。

🎧 CD-1 / Track 53

011 beverage
/bévəridʒ/

名 飲み物

I don't drink alcoholic **beverages**.
私はアルコール飲料を飲みません。

107

012 substance
/sʌ́bstəns/
名 物質

Calcium is one of the main chemical **substances** in our bones.
カルシウムは骨に含まれる主要な化学物質の1つである。

013 existence
/igzístəns/
名 存在

I believe in the **existence** of God.
私は神の存在を信じる。

派 □ **exist** /igzíst/ 自 存在する

014 evolution
/èvəlúːʃən | ìːvə-/
名 進化

I am interested in human **evolution**.
私は人間の進化に興味がある。

派 □ **evolve** /iválv | ivɔ́lv/ 自 進化する

015 philosophy
/filásəfi | -lɔ́s-/
名 哲学

Mr. White talked about his **philosophy** of life.
ホワイト氏は自分の人生哲学について語った。

016 wisdom
/wízdəm/
名 知識

We gain **wisdom** with age.
年齢を重ねるにつれて分別を身につける。

派 □ **wise** /wáiz/ 形 賢い

017 independence
/ìndipéndəns/
名 独立

My son began to live a life of **independence**.
私の息子は独立した生活を始めた。

派 □ **independent** /ìndipéndənt/ 形 独立している

>> 第2章　応用名詞　★

018 **ceiling**
/síːlɪŋ/

名 天井

They looked up at the **ceiling**.
彼らは天井を見上げた。

019 **exception**
/ɪksépʃən | ek-/

名 例外

The teacher made an **exception** to the rule for the students who were sick.
その先生は、病気の生徒に対しては規則の例外とした。

020 **emergency**
/ɪmə́ːrdʒənsi/

名 非常時；緊急事態

You must check where the **emergency** exit is.
あなたは非常口の場所を確認しておかなければなりません。

🎵 CD-1 / Track 54

021 **destruction**
/dɪstrʌ́kʃən/

名 破壊

I was shocked to see the **destruction** caused by the earthquake.
地震による破壊を見て、私は衝撃を受けた。

派 □ **destroy** /dɪstrɔ́ɪ/　他 ～を破壊する

022 **collapse**
/kəlǽps/

名 崩壊　自 崩壊する

Due to the economic **collapse**, 12% of the citizens are unemployed.
経済の崩壊により、市民の12パーセントが失業している。

109 ◀

023 **despair**
/dispéər/
名 絶望

She felt a sense of **despair** when her husband died.
彼女は、夫が死んだとき絶望した。

024 **burden**
/bə́ːrdn/
名 重荷；(精神的な) 負担

I don't want to be a **burden** on my parents.
私は両親の負担にはなりたくない。

025 **protection**
/prətékʃən/
名 保護；予防

It is said that vitamin C gives **protection** against cancer.
ビタミンCはがんを予防するといわれている。

派 □ **protect** /prətékt/ 他 ～を保護する；～を予防する

026 **precaution**
/prikɔ́ːʃən/
名 予防対策

You should take every **precaution** so as not to catch a cold.
風邪をひかないようにあらゆる予防対策をとりましょう。

027 **rejection**
/ridʒékʃən/
名 拒否

I received a **rejection** letter after a job interview.
私は面接の後、不採用通知を受け取った。

派 □ **reject** /ridʒékt/ 他 ～を拒否する

028 **protest**
/próutest/
名 抗議　他 ～に抗議する

There were many **protests** against the closure of two public high schools.
2つの公立高校の閉鎖に対して、多くの抗議運動が起こった。

>> 第2章 応用名詞 ★

029 addition
/ədíʃən/
名 足し算；追加

My daughter is good at **addition**.
私の娘は足し算が得意だ。

派 □ add /ǽd/ 他 〜を加える
　□ additional /ədíʃənəl/ 形 追加の

030 proportion
/prəpɔ́ːrʃən/
名 割合；比率

I mixed water and flour in the **proportion** of one to four.
私は水と小麦粉を1対4の割合で混ぜた。

🎵 CD-1 / Track 55

031 suspicion
/səspíʃən/
名 疑い

Mary told me about her **suspicions** about Johnny.
メアリーは私に、ジョニーに対する疑念を話してくれた。

派 □ suspect /səspékt/ 他 〜を疑う
　□ suspicious /səspíʃəs/ 形 疑っている

032 principle
/prínsəpəl/
名 主義

Wearing fur coats is against my **principles**, because I love animals.
私は動物を愛しているので、毛皮のコートを着ることは私の主義に反する。

033 eyesight
/áisàit/
名 視力

Dogs have poor **eyesight** compared to humans.
犬は人間に比べて、視力が悪い。

111

034 application
/æplikéiʃən/
名 応募；申請書

Linda is going to send out **applications** to five companies.
リンダは5社に応募書類を送るつもりだ。

派 □ apply /əplái/ 自 申し込む

035 qualification
/kwàləfikéiʃən | kwɔ̀l-/
名 資格

Mary has the right **qualifications** for the job.
メアリーはその仕事に見合う資格を持っている。

派 □ qualify /kwáləfài | kwɔ́l-/ 他 ～に資格を与える

036 wage
/wéidʒ/
名 賃金

They are paid an hourly **wage**.
彼らは時間給を支払われている。

037 allowance
/əláuəns/
名 手当

How much is the childcare **allowance**?
育児手当はいくらですか。

038 reward
/riwɔ́ːrd/
名 報酬

＊ give a reward for ＝「～に対する報酬を与える」

The cat owner gave me a **reward** for finding his cat.
猫の飼い主は私が彼の猫を見つけたのでお礼をくれた。

039 task
/tǽsk | tɑ́ːsk/
名 仕事

New employees have to learn how to do routine **tasks** first.
新入社員はまず、日常業務のやり方を学ばなければならない。

>> 第2章　応用名詞 ★

040 assignment
/əsáinmənt/
名 仕事；課題

You have to complete this **assignment** on time.
あなたはこの仕事を予定通りに完成させなければならない。
派 □ assign /əsáin/　他 ～を割り当てる

CD-1 / Track 56

041 colleague
/káli:g | kɔ́l-/
名 同僚

It is important for you to get along with your **colleagues**.
同僚たちと仲良くやっていくことが大切だ。
類 □ coworker /kóuwə̀ːrkər | -̀-̀-/　名 同僚

042 replacement
/ripléismənt/
名 代わりの物・人

If you are unhappy with your purchase, please return it within seven days for a **replacement**.
もしご購入品にご満足いただけない場合、7日以内にご返送いただければ交換いたします。
派 □ replace /ripléis/　他 ～に代わる；～を入れ替える

043 retirement
/ritáiərmənt/
名 退職；引退

After my **retirement**, I am going to work as a university instructor.
退職後は大学の講師として働くつもりだ。
派 □ retire /ritáiər/　自 退職する；引退する

044 board
/bɔːrd/
名 取締役会；板；掲示板

We had a **board** meeting this morning.
今朝は取締役会議があった。

045 manufacturer
/mæ̀njəfǽktʃərər/

名 製造業者

Car **manufacturers** are using robots in the production process.
車の製造業者は生産の過程でロボットを使っている。

046 association
/əsòusiéiʃən/

名 協会

They are going to establish a football **association**.
彼らはサッカー協会を設立するつもりだ。

047 refund
/ríːfʌnd/

名 返金 他 〜を払い戻す

You can get a **refund** if you have a receipt.
領収書をお持ちなら、払い戻しが受けられます。

048 agency
/éidʒənsi/

名 代理店

He got a job through an employment **agency**.
彼は人材紹介会社を通して仕事を得た。

派 □ agent /éidʒənt/ 名 代理人；代理店

049 brochure
/brouʃúər | bróuʃə/

名 パンフレット

I read the travel **brochure** carefully.
私は旅行のパンフレットを注意深く読んだ。

050 checkup
/tʃékʌ̀p/

名 （身体）検査

The results of your physical **checkup** are fine.
あなたの身体検査の結果は良好である。

▶ 114

CD-1 / Track 57

>> 第2章 応用名詞 ★

051 fine
/fáin/

名 罰金　他 ～に罰金を科する

I paid a **fine** of $10 for illegal parking.
私は不法駐車に10ドルの罰金を支払った。

052 representative
/rèprizéntətiv/

名 販売員；代理人；代表者

An ideal sales **representative** should enjoy talking with people.
人との会話を楽しめるのが、理想的な販売員だ。

派 □ **represent** /rèprizént/　他 ～を代表する

053 dormitory
/dɔ́ːrmətɔ̀ːri | -təri/

名 寮

There are 100 students living in this **dormitory**.
この寮には100人の学生が住んでいる。

054 principal
/prínsəpəl/

名 校長

Our new **principal** is respected by many students.
私たちの新しい校長先生は多くの生徒に尊敬されている。

055 regulation
/règjəléiʃən/

名 規則

You have to follow the **regulations** in this company.
この会社では規則に従わなければならない。

派 □ **regulate** /régjəlèit/　他 ～を規制する

056 prediction
/pridíkʃən/

名 予測；予知

It is difficult to make **predictions** about the election results.
選挙結果を予測することは難しい。

派 □ **predict** /pridíkt/　他 ～を予測する；～を予知する

115

057 reception
/risépʃən/
名 披露宴；受付

I attended a wedding **reception** yesterday.
私は昨日、結婚披露宴に出席した。

058 authority
/əθɔ́ːrəti | ɔːθɔ́r-/
名 権限；権威

I have no **authority** to make a decision.
私は決定を下す権限がない。

派 □ authorize /ɔ́ːθəràiz/ 他 ～を認可する

059 outlook
/áutlùk/
名 (物事の)展望；(ある場所からの)眺め

The **outlook** for the housing market is bright.
住宅市場の展望は明るい。

060 strategy
/strǽtədʒi/
名 戦略

Which **strategy** should we use to get better results?
良い結果を出すためには、どの戦略を使うべきでしょうか。

CD-1 / Track 58

061 feedback
/fíːdbæ̀k/
名 (～からの)反応；意見；感想

＊不可算名詞

Each of the new employees will be given **feedback** by a trainer.
各新入社員は指導担当者からの評価を受けます。

062 similarity
/sìməlǽrəti/
名 類似点

I found some **similarities** between the two cultures.
2つの文化の間にいくつかの類似点を見つけた。

>> 第2章　応用名詞　★

063 substitute
/sʌ́bstətʃùːt/
名 代替品　他 〜を代用する

You should know that vitamin pills are no **substitute** for a healthy diet.
ビタミン剤は健康的な食事の代替品にはならないことを知るべきだ。

064 definition
/dèfəníʃən/
名 定義

I can't find the **definition** of this word.
この単語の定義がわからない。

派 □ **define** /difáin/　他 〜を定義する

065 element
/éləmənt/
名 要素

Play is a very important **element** in every child's life.
遊ぶことはすべての子供の生活にとても重要な要素だ。

066 discrimination
/diskrìminéiʃən/
名 差別

What do you think of age **discrimination**?
年齢による差別についてどのように思いますか。

派 □ **discriminate** /diskrímineit/　他 〜を差別する

067 laboratory
/lǽbərətɔ̀ːri | ləbɔ́rətəri/
名 実験室

You must not touch anything in this **laboratory**.
この実験室のいかなる物にも触れてはいけません。

068 exploration
/èkspləréiʃən/
名 探検

I'm interested in space **exploration**.
私は宇宙探検に興味があります。

派 □ **explore** /ikspló:r/　他 〜を探検する

117

069 **monument**
/mánjəmənt | mɔ́n-/

名 記念碑

She posed in front of the **monument**.
彼女は記念碑の前でポーズを取った。

070 **landmark**
/lǽndmɑːrk/

名 歴史的な建物；画期的な事件

The Statue of Liberty is one of the most important **landmarks** in America.
自由の女神はアメリカで最も重要な歴史的建造物の1つだ。

🎵 **CD-1 / Track 59**

071 **atlas**
/ǽtləs/

名 地図帳

I have a pocket **atlas**.
私はポケット版の地図帳を持っている。

072 **scenery**
/síːnəri/

名 景色

This is the most beautiful **scenery** I've seen in Paris.
これは私がパリで見た中で一番美しい景色です。

073 **command**
/kəmǽnd | -mɑ́ːnd/

名 見晴らし；命令；指揮

The 20th floor of the building has a good **command** of the whole city.
そのビルの20階からは街全体をよく見渡せる。

類 □ **view** /vjúː/ 形 見晴らし

074 **species**
/spíːʃiːz/

名 （生物上の）種

The blue whale is an endangered **species**.
シロナガスクジラは絶滅危惧種である。

▶ 118

>> 第2章　応用名詞　★

075 extinction
/ikstíŋkʃən/
名 絶滅

The tiger is in danger of **extinction**.
トラは絶滅の危機に瀕している。

076 hardship
/háːrdʃip/
名 苦難

They experienced great **hardship** during the war.
彼らは戦時中に大変な苦難を経験した。

077 threat
/θrét/
名 脅威

The police saw the group as a **threat**.
警察はそのグループを脅威とみなした。

派 □ threaten /θrétn/　他 〜を脅す

078 famine
/fǽmin/
名 飢饉

50 people died in a **famine** in our village 70 years ago.
70年前に私たちの村では、飢饉のために50人が死亡した。

079 claw
/klɔ́ː/
名 （鳥獣の）つめ

A cat's **claws** are very important to its sense of balance.
猫のつめはバランスを保つためにとても重要だ。

080 insect
/ínsekt/
名 昆虫

Some harmful **insects** were removed.
有害な虫は駆除された。

119

CD-1 / Track 60

081 interruption
/ìntərʌ́pʃən/
名 中断

I want to work without any **interruption**.
中断なしで作業をしたい。
派 □ interrupt /ìntərʌ́pt/ 他 ～を中断する

082 interval
/íntərvəl/
名 間隔

The gardener says that the trees should be planted at **intervals** of two yards.
庭師は、木は2ヤードの間隔で植えるべきだと言っている。

083 classification
/klæ̀səfikéiʃən/
名 分類

We need a new **classification** system for our library.
図書館には新しい分類システムが必要だ。
派 □ classify /klǽsəfài/ 他 ～を分類する

084 bond
/bánd | bɔ́nd/
名 きずな

Bob and Tom formed a close **bond** while they were high school students.
ボブとトムは高校時代に親密な関係を築いた。

085 preference
/préfərəns/
名 好み

Mary has a strong **preference** for Italian food.
メアリーはイタリア料理が特に好きだ。
派 □ prefer /prifə́:r/ 他 ～を好む

086 jealousy
/dʒéləsi/
名 嫉妬

Mary is showing **jealousy** of her cousin's success.
メアリーは、いとこの成功に嫉妬を見せている。
派 □ jealous /dʒéləs/ 形 ねたましい

第2章 応用名詞 ★

087 illusion
/ilúːʒən/
名 幻想；錯覚

The big mirror gives the **illusion** that this room is large.
その大きな鏡はこの部屋が広いという錯覚を与える。

088 limitation
/lìmətéiʃən/
名 限界；制限

You should know your own **limitations**.
あなたは自分自身の限界を知るべきだ。

派 □ limit /límit/ 他 ～を制限する

089 diameter
/daiǽmətər/
名 直径

It is five inches in **diameter**.
それは直径5インチである。

090 thread
/θréd/
名 糸

She put a needle and some **thread** in the sewing box.
彼女は針と糸を裁縫箱に入れた。

CD-1 / Track 61

091 territory
/térətɔ̀ːri | -təri/
名 領域

Birds have their own **territory**.
鳥は自分のなわばりを持っている。

092 layer
/léiər/
名 層

The street is covered by a thin **layer** of ice.
街路は薄い氷の層で覆われている。

093 **vice** /váis/ 名 悪徳

Telling lies is a **vice**.
嘘をつくことは悪徳である。

094 **row** /róu/ 名 列

I arranged the chairs in five **rows**.
椅子を5列に並べた。

095 **drawing** /drɔ́:iŋ/ 名 くじ引き；スケッチ

There will be a prize **drawing** tomorrow at the shopping mall.
明日、ショッピングモールで景品の抽選会がある。

096 **basement** /béismənt/ 名 地下；地階

The parking space is on the third floor of the **basement**.
駐車スペースは地下3階にある。

097 **scar** /skáːr/ 名 傷

George has a **scar** on his left arm.
ジョージは左腕に傷がある。

098 **mud** /mʌ́d/ 名 泥

I walked through the **mud**.
私は泥の中を歩いて通り抜けた。

派 □ **muddy** /mʌ́di/ 形 泥だらけの

>> 第2章 応用名詞 ★

099 cattle
/kǽtl/
名 畜牛

＊集合名詞（複数扱い）
I worked on a **cattle** farm in America.
私はアメリカの養牛場で働いた。

100 volcano
/vɑlkéinou | vɔl-/
名 火山

Mt. Fuji is an active **volcano**.
富士山は活火山だ。

COLUMN　接尾辞を使いこなそう

　英語の品詞には固有の接尾辞があります。接尾辞を覚えておくと、その品詞を予測することもできます。動詞・名詞・形容詞を作る代表的な接尾辞を紹介しましょう。

●動詞を作る代表的な接尾辞と単語

接尾辞	単語	意味	接尾辞	単語	意味
-ate	demonstrate	～を実証する	-en	strengthen	～を強化する
	appreciate	～に感謝する		deepen	～を深める
-ify	notify	～を知らせる	-ize	emphasize	～を強調する
	qualify	資格を与える		specialize	～を専門にする

＊動詞を作る接頭辞には en- があります。
① encourage（～を勇気づける）　② enlarge（～を大きくする）
③ enrich（～を豊かにする）

●名詞を作る代表的な接尾辞と単語

接尾辞	単語	意味	接尾辞	単語	意味
-ance	attendance	出席	-ence	convenience	便利
-ency	emergency	緊急	-ion	instruction	指示
-is	emphasis	強調	-ity	community	地域社会
-ment	development	発展	-ness	happiness	幸福
-gy	apology	謝罪	-age	shortage	不足
-ship	championship	選手権	-er	employer	雇用主
-ee	employee	従業員	-or	educator	教育者
-ist	economist	経済学者	-t	applicant	応募者

例外1 主として形容詞を作る接尾辞（-ive）を持つが、名詞になる。
①executive（重役） ②representative（代表者） ③relative（親類）

例外2 主として形容詞を作る接尾辞（-al）を持つが、名詞になる。
①approval（承認） ②proposal（提案） ③renewal（更新）
④withdrawal（撤回；（預金の）引き出し）

●形容詞を作る代表的な接尾辞と単語

接尾辞	単語	意味	接尾辞	単語	意味
-able	reliable	信頼できる	-ble	flexible	柔軟性のある
-al	social	社会の	-ial	essential	不可欠な
-ent	confident	自信のある	-ant	constant	持続する
-ful	skillful	熟練した	-ic	strategic	戦略的な
-ish	selfish	利己的な	-ive	attractive	魅力的な
-less	cashless	現金不要の	-ous	various	さまざまな

例外1 主として動詞を作る接尾辞（-ate）を持つが、形容詞になる。
①accurate（正確な） ②appropriate（適切な） ③considerate（思いやりのある）

例外2 主として副詞を作る接尾辞（-ly）を持つが、形容詞になる。
①friendly（仲の良い） ②costly（高価な） ③daily（毎日の）
④weekly（週刊の） ⑤monthly（月刊の） ⑥timely（時機を得た）

第3章
形容詞・副詞

ゼッタイ合格180語

最重要形容詞・副詞　★★★　…… 126
重要形容詞・副詞　　★★　……… 137
応用形容詞・副詞　　★　………… 148

最重要形容詞・副詞
★★★

🎧 CD-1 / Track 62

001 available
/əvéiləbl/
形 入手できる；利用できる

Tickets are **available** only at the theater box office.
チケットは劇場のチケット売り場でのみ入手可能です。
派 □ availability /əvèiləbíləti/ 名 利用可能なこと；入手可能性

002 favorable
/féivərəbl/
形 好意的な；好ましい

Darren made a **favorable** impression on his new client.
ダレンは新しい顧客に好印象を与えた。
派 □ favor /féivər/ 他 〜に賛成する

003 attractive
/ətræktiv/
形 魅力的な

Attractive packaging is an important factor in sales.
魅力的な包装は、販売において重要な要素である。

004 suitable
/súːtəbl/
形 適している

This workshop is **suitable** for new employees.
この講習会は、新入社員向きだ。
派 □ suit /súːt | sjúːt/ 他 〜に合う

005 appropriate
/əpróupriət/
形 適切な

Casual wear isn't **appropriate** for Mike's wedding reception.
マイクの結婚披露宴に、カジュアルな服装はふさわしくない。
派 □ appropriately /əpróupriətli/ 副 適切に

>> 第3章 最重要形容詞・副詞 ★★★

006 unique
/juníːk/
形 独特な

The color of this Italian furniture is **unique**.
このイタリア製の家具の色は独特である。

007 official
/əfíʃəl/
形 公式の

We need an **official** report to complete this assignment.
この仕事を完了するには、公式の報告書が必要だ。

派 □ officially /əfíʃəli/　副 公式に

008 public
/pʌ́blik/
形 世間の；公の

Politicians should listen to **public** opinion.
政治家は世論に耳を傾けるべきだ。

009 ancient
/éinʃənt/
形 古代の

I am interested in **ancient** Egyptian civilization.
私は古代エジプト文明に興味がある。

010 essential
/isénʃəl/
形 不可欠な

Taking moderate exercise is **essential** to leading a healthy life.
適度な運動をすることは、健康的な生活を送るためには不可欠だ。

派 □ essence /ésəns/　名 本質

CD-1 / Track 63

011 narrow
/nǽrou/
形 狭い

We walked along the **narrow** mountain road yesterday.
私たちは昨日、狭い山道を歩いた。

127

012 empty
/émpti/
形 空の

Please return the **empty** containers to us.
空の容器はご返却ください。

013 apparent
/əpǽrənt/
形 明白な；外見上〜らしい

It was **apparent** that Nancy had told a lie.
ナンシーが嘘をついたことは明白だった。

014 obvious
/ábviəs | ɔ́b-/
形 明らかな

It is **obvious** that Anna likes Tom.
アンナがトムを好きであることは明らかだ。

派 □ **obviously** /ábviəsli | ɔ́b-/ 副 明らかに

015 additional
/ədíʃənəl/
形 追加の

You have to pay an **additional** charge.
あなたは追加料金を支払わなければなりません。

派 □ **addition** /ədíʃən/ 名 追加；足し算

016 beneficial
/bènifíʃəl/
形 有益な

Living in an English-speaking country is **beneficial** for anyone studying English.
英語圏の国で生活することは英語を勉強する人にとって有益である。

派 □ **benefit** /bénifit/ 自 利益を得る 名 恩恵

017 major
/méidʒər/
形 主要な

Japan played a **major** role in peacekeeping in Cambodia.
日本はカンボジアでの平和維持活動に重要な役割を果たした。

派 □ **majority** /mədʒɔ́:rəti | -dʒɔ́r-/ 名 大多数

>> 第3章 最重要形容詞・副詞 ★★★

018 amusing
/əmjúːziŋ/
形 愉快な

Charlie Chaplin's movies are **amusing**.
チャーリー・チャップリンの映画は愉快だ。
派 □ amusement /əmjúːzmənt/　名 娯楽
　 □ amuse /əmjúːz/　他 ～を楽しませる

019 anxious
/ǽŋkʃəs/
形 心配な

I feel **anxious** about my future.
私は自分の将来が心配だ。
派 □ anxiety /æŋzáiəti/　名 心配

020 potential
/pəténʃəl/
形 見込みのある；潜在的な

She looks like a **potential** customer.
彼女は見込み客のように見える。

CD-1 / Track 64

021 confident
/kánfidənt | kɔ́n-/
形 自信のある

George is **confident** that he will pass the entrance examination.
ジョージは入学試験に合格する自信がある。
派 □ confidence /kánfidəns | kɔ́n-/　名 自信

022 confidential
/kànfidénʃəl/
形 極秘の

This is a **confidential** document.
これは極秘書類です。

023 effective
/iféktiv/
形 有効な

The new prices are **effective** as of May 1.
新しい価格は5月1日より有効となります。

024 convenient
/kənvíːniənt/
形 便利な

We should carefully choose a **convenient** location.
私たちは便利な立地を、慎重に選ぶべきだ。

025 mysterious
/mistíəriəs/
形 不可解な；神秘的な

There is something **mysterious** happening behind the scenes.
舞台裏で、何か不可解なことが起きている。

派 □ mystery /místəri/ 名 謎；神秘

026 stable
/stéibəl/
形 安定した

Nancy has been looking for a **stable** job.
ナンシーは安定した仕事をずっと探している。

027 typical
/típikəl/
形 典型的な

Mr. Turner is a **typical** British businessperson.
ターナー氏は典型的なイギリスのビジネスパーソンだ。

派 □ typically /típikəli/ 副 典型的に

028 promising
/práməsiŋ | prɔ́m-/
形 有望な

She is one of the most **promising** young singers.
彼女は最も有望な若手歌手の1人である。

動 □ promise /prámes | prɔ́m-/ 他 ～を［と］約束する 名 約束

>> 第3章 最重要形容詞・副詞 ★★★

029 **accurate**
/ǽkjərət/

形 正確な

Since the map I bought wasn't **accurate**, I got lost.
私が購入した地図は正確ではなかったので、道に迷ってしまった。

派 □ **accuracy** /ǽkjərəsi/ 名 正確さ
　□ **accurately** /ǽkjərətli/ 副 正確に

030 **latter**
/lǽtər/

形 後の方の；後者の

The first half of the movie was boring, but the **latter** half was exciting.
映画の前半は退屈だったが、後半はわくわくするものだった。

🎵 CD-1 / Track 65

031 **annual**
/ǽnjuəl/

形 年に1度の；毎年恒例の

The **annual** cultural festival is held in autumn.
毎年恒例の文化祭は秋に開催される。

派 □ **annually** /ǽnjuəli/ 副 毎年

032 **urgent**
/ə́ːrdʒənt/

形 緊急の

I went to Tokyo on **urgent** business yesterday.
私は昨日、急な仕事で東京に行った。

033 **profitable**
/práfitəbl | prɔ́f-/

形 収益の上がる

We should develop **profitable** products.
私たちは収益の上がる製品を開発するべきだ。

派 □ **profit** /práfət | prɔ́f-/ 名 利益

034 reliable
/riláiəbl/
形 信頼できる

Dick is a **reliable** mechanic.
ディックは信頼できる整備士だ。
類 □ dependable /dipéndəbl/　形 信頼できる

035 precise
/prisáis/
形 正確な

Please give me some **precise** information.
正確な情報をください。

036 precisely
/prisáisli/
副 正確に；ちょうど

Let's meet at the main gate **precisely** at noon.
正午きっかりに正門で会いましょう。

037 fortunate
/fɔ́ːrtʃənət/
形 幸運な

I was **fortunate** to get a ticket for the baseball game on Friday.
金曜日の野球のチケットを手に入れることができて幸運だった。

038 fortunately
/fɔ́ːrtʃənətli/
副 幸運にも

Fortunately, the lightning hit the field.
幸いなことに、雷は畑に落ちた。

039 unfortunately
/ʌnfɔ́ːrtʃənətli/
副 不運にも

Unfortunately, he was injured in a car accident.
不運にも彼は車の事故で怪我をした。

>> 第3章 最重要形容詞・副詞 ★★★

040 previous /príːviəs/ 形 以前の

This is my **previous** address.
これは私の旧住所です。

CD-1 / Track 66

041 previously /príːviəsli/ 副 以前に；あらかじめ

Mr. Hinton died last year and his father had died only two years **previously**.
ヒントン氏は去年亡くなったが、彼の父はそのわずか2年前に他界していた。

042 constant /kάnstənt | kɔ́n-/ 形 一定の；持続する

This aquarium keeps the water at a **constant** temperature.
この水槽は水を一定の温度に保つ。

043 constantly /kάnstəntli | kɔ́n-/ 副 常に

Johnny **constantly** complains about his work schedule.
ジョニーは常に自分の仕事のスケジュールについて文句を言っている。

044 formerly /fɔ́ːrmərli/ 副 以前は；かつては

The museum was **formerly** the king's villa, but it is always crowded with visitors.
その美術館はかつては王の別荘だったが、今は観光客でいつもにぎわっている。
派 □ former /fɔ́ːrmər/ 形 以前の

045 scarcely /skéərsli/ 副 ほとんど〜ない

I have **scarcely** eaten anything since last night.
私は昨夜からほとんど何も食べていない。
派 □ scarce /skéərs/ 形 乏しい

046 occasionally
/əkéiʒənəli/
副 時折

This air conditioner **occasionally** makes a lot of noise, so we should buy a new one.
このエアコンは時折ひどく大きな音を立てるので、新しいものを買うべきだ。

047 gradually
/ɡrǽdʒuəli/
副 次第に；徐々に

My French speaking ability **gradually** improved until I won the speech contest.
スピーチコンテストに優勝するまで、私のフランス語の会話力は徐々に上達していった。

048 immediately
/imíːdiətli/
副 すぐに；即座に

These questions must be answered **immediately**.
これらの質問には即座に答えなければならない。

049 suddenly
/sʌ́dənli/
副 突然

Suddenly, a cat ran in front of the car.
突然、猫が車の前に飛び出した。

派 □ sudden /sʌ́dən/ 形 突然の

050 shortly
/ʃɔ́ːrtli/
副 まもなく

The sightseeing bus will come to pick us up **shortly**.
まもなく観光バスが私たちを迎えに来ます。

🎵 CD-1 / Track 67

051 rapidly
/rǽpidli/
副 急に

Temperatures fell **rapidly** this morning.
今朝、気温は急激に下がった。

派 □ rapid /rǽpid/ 形 急な

▶ 134

>> 第3章　最重要形容詞・副詞　★★★

052 frequently
/fríːkwəntli/

副 頻繁に

I travel **frequently** between New York and Tokyo.
私はニューヨークと東京間を頻繁に移動する。

派 □ frequent /fríːkwənt/ 形 頻繁な

053 generally
/dʒénərəli/

副 通常；一般に

I **generally** drive to work, but today I came to work by train.
私はいつもは車で通勤するが、今日は電車で来た。

054 mainly
/méinli/

副 主として

The members here are **mainly** from European countries.
こちらのメンバーは主にヨーロッパの国々の出身です。

055 mostly
/móustli/

副 おおむね；主として

It will be **mostly** cloudy tomorrow morning.
明日の朝は、おおむね曇りでしょう。

056 actually
/ǽktʃuəli/

副 実は；実際に

Actually, a movie is being filmed on the street.
実は、通りで映画の撮影が行われているのです。

派 □ actual /ǽktʃuəl/ 形 実際の

057 exactly
/igzǽktli/

副 正確に；まさに

The museum looks **exactly** the same as it did 50 years ago.
その美術館は50年前とまったく同じように見える。

058 strictly
/stríktli/
副 厳しく；厳密に

Flashlights are **strictly** prohibited here.
フラッシュ撮影はここでは厳しく禁じられている。
派 □ **strict** /stríkt/　形 厳しい；厳密な

059 completely
/kəmplíːtli/
副 完全に

The office was **completely** destroyed by fire.
事務所は火事で全壊した。
派 □ **complete** /kəmplíːt/　形 完全な
　□ **completion** /kəmplíːʃən/　名 完成

060 eventually
/ivéntʃuəli/
副 結局は；そのうち

It **eventually** ended in failure.
それは結局は失敗に終わった。

>> 第3章　重要形容詞・副詞　★★

重要形容詞・副詞
★★

CD-1 / Track 68

001 advanced
/ædvǽnst | ədváːnst/
形 上級の；進歩した

Yoko has been studying French in the **advanced** French class since April.
ヨウコは4月から、上級フランス語のクラスでフランス語を勉強している。
派 □ advance /ædvǽns | ədváːns/ 自 進む；進歩する

002 ambitious
/æmbíʃəs/
形 野心のある

Paul is an **ambitious** young man.
ポールは野心のある若者だ。
派 □ ambition /æmbíʃən/ 名 夢；野心

003 noticeable
/nóutisəbl/
形 顕著な

There has been a **noticeable** improvement in your painting.
あなたの絵には顕著な上達が見られます。
派 □ notice /nóutis/ 他 〜に気づく

004 capable
/kéipəbl/
形 有能な

She is one of the most **capable** lawyers in this town.
彼女はこの町で最も有能な弁護士の1人だ。
派 □ capability /kèipəbíləti/ 名 能力

005 generous
/dʒénərəs/
形 気前の良い；寛大な

He was **generous** enough to lend you some money.
彼はあなたにお金を貸すほど気前が良かった。

006 **affordable**
/əfɔ́ːrdəbl/

形 （価格が）手ごろな

Mark is looking for an **affordable** way to travel to Europe.
マークはヨーロッパへ安く旅行する方法を探している。

派 □ **afford** /əfɔ́ːrd/　他 （〜する経済的・時間的）余裕がある

007 **extensive**
/iksténsiv/

形 広範囲な；大規模な

My house suffered **extensive** damage in the earthquake.
私の家は地震で甚大な損害を受けた。

派 □ **extend** /iksténd/　他 〜を延長する

008 **common**
/kámən | kɔ́m-/

形 一般的な

It is **common** for people to change careers several times in America.
アメリカでは、数回転職することは一般的だ。

派 □ **commonly** /kámənli | kɔ́m-/　副 一般に

009 **social**
/sóuʃəl/

形 社会の

Unemployment is now causing major **social** problems in many Western countries.
失業は今、西側諸国の多くで大きな社会問題を引き起こしている。

派 □ **society** /səsáiəti/　名 社会

010 **vital**
/váitəl/

形 重要な；不可欠な

Exercising regularly is **vital** for your health.
毎日運動することは、あなたの健康のためには不可欠です。

派 □ **vitality** /vaitǽləti/　名 生命力

CD-1 / Track 69　　>> 第3章　重要形容詞・副詞　★★

011 **alternative**
/ɔːltə́ːrnətiv/
形 代わりの　名 代替物；代替案

We need to develop **alternative** energy sources.
私たちは代替エネルギー源を開発する必要がある。

012 **flexible**
/fléksəbl/
形 融通が利く；柔軟性のある

Since my work schedule is **flexible**, you can decide on the meeting time.
私の仕事のスケジュールは融通が利くので、面談の時間はあなたが決めてください。
派 □ flexibility /flèksəbíləti/　名 柔軟性

013 **individual**
/ìndivídʒuəl/
形 個人の　名 個人

Children need **individual** attention when they are learning how to swim in the pool.
子供たちがプールで泳ぎ方を学ぶときは、それぞれに注意を払うことが必要だ。

014 **cautious**
/kɔ́ːʃəs/
形 用心深い；慎重な

He spoke in a **cautious** voice.
彼は用心深い声で話した。
派 □ caution /kɔ́ːʃən/　名 注意

015 **neat**
/níːt/
形 きちんとした；小ぎれいな

Lisa always keeps her room **neat** and clean.
リサはいつも部屋をきちんと片付けている。

016 **severe**
/sivíər/
形 厳しい；深刻な

The company has **severe** financial problems.
その会社は深刻な財務問題を抱えている。

017 artificial
/ɑːrtifíʃəl/ 　　形 人工の

No **artificial** colors are used in this product.
この製品には人工着色料は含まれていません。

018 vague
/véig/ 　　形 あいまいな

Your proposal was too **vague** for me to understand.
あなたの提案はあいまいすぎて、私には理解できませんでした。

019 vacant
/véikənt/ 　　形 空いている

There are three **vacant** standard rooms.
スタンダードの空室が3部屋ございます。

派 □ **vacancy** /véikənsi/ 　名 空室；欠員

020 calm
/kɑːm/ 　　形 冷静な；落ち着いた　名 平静

He remains **calm** in any situation.
彼はどんな状況でも冷静だ。

🎵 **CD-1 / Track 70**

021 upset
/ʌpsét/ 　　形 動揺した

He was **upset** to hear the bad news.
彼はその悪い知らせを聞いて動揺した。

022 furious
/fjúəriəs/ 　　形 激怒している

I feel **furious** about what he said.
私は彼が言ったことに激怒している。

>> 第3章　重要形容詞・副詞 ★★

023 **complex**
/kàmpléks | kómpleks/

形 複雑な　名 複合施設

This problem is too **complex** for me to solve.
この問題は複雑すぎて私には解決できない。

024 **absurd**
/əbsə́ːrd | -zə́ːrd/

形 道理に合わない；ばかげている

It seems **absurd** for a VIP to stay at this business hotel.
要人がこのビジネスホテルに滞在するのは道理に合わないように思われる。

025 **suspicious**
/səspíʃəs/

形 疑いのある

He looked at me with **suspicious** eyes.
彼は私を疑いの目で見た。

派 □ suspicion /səspíʃən/　名 疑惑

026 **awful**
/ɔ́ːfəl/

形 大変悪い

I didn't go out last Sunday, because the weather was **awful**.
先週の日曜日は天気が最悪だったので、外出しなかった。

027 **superior**
/səpíəriər | sjuː-/

形 優れている

This beer is **superior** to that one.
このビールは、あのビールより上等だ。

派 □ superiority /səpìəriɔ́ːrəti | sjuːpìəriɔ́r-/　名 優越
反 □ inferior /infíəriər/　形 劣っている

028 **reasonable**
/ríːzənəbl/

形 理にかなった；手ごろな価格の

It is **reasonable** to expect people to keep their promises.
約束を守ることを人に期待するのは当然のことだ。

029 permanent
/pə́ːrmənənt/
形 永久の

Takashi has the right of **permanent** residence in America.
タカシはアメリカの永住権を持っている。

030 brief
/bríːf/
形 簡単な；短時間の　名 要約

You should keep your conversations **brief** and to the point.
あなたは会話を簡単で要点を突いたものにするべきです。
派 □ briefly /bríːfli/　副 簡潔に

CD-1 / Track 71

031 positive
/pázətiv | póz-/
形 肯定的な；好意的な

Our presentation had a **positive** response.
私たちのプレゼンは肯定的な反応を得ました。

032 negative
/négətiv/
形 否定的な

I received a **negative** answer to my request.
私は、要望に対して否定的な返答を受け取った。

033 opposite
/ápəzit | óp-/
形 反対の

They have gone in the **opposite** direction.
彼らは反対の方向に行ってしまった。

034 miserable
/mízərəbl/
形 悲惨な；ひどい

Wear warm clothes, or you will catch a cold in this **miserable** weather.
厚着をしなさい、そうでないとこのひどい天候で風邪をひきますよ。

第3章 重要形容詞・副詞 ★★

035 alternate
/ɔ́:ltərnət | ɔ:ltə́:-/

形 交互の；代わりの
名 代替物；代役

I'll arrange an **alternate** date.
別の日を設定します。

派 □ **alternately** /ɔ́:ltərnətli | ɔ:ltə́:-/　副 交互に

036 concrete
/kɑnkrí:t | kɔ́ŋkri:t/

形 具体的な

He showed us some **concrete** examples.
彼は私たちにいくつかの具体例を示した。

037 entire
/intáiər/

形 全体の

I am planning to invite the **entire** class to the party.
私はクラスの全員をパーティーに招待するつもりだ。

派 □ **entirely** /intáiərli/　副 完全に

038 habitual
/həbítʃuəl/

形 常習的な

She is a **habitual** liar.
彼女は常習的なうそつきだ。

039 considerate
/kənsídərət/

形 思いやりのある

You should be **considerate** to senior citizens.
あなた方は高齢者を思いやるべきです。

040 considerable
/kənsídərəbl/

形 かなりの

Christy has **considerable** experience as an accountant.
クリスティーは会計士としてかなりの経験を積んでいる。

CD-1 / Track 72

041 considerably
/kənsídərəbli/
副 かなり

Gasoline prices went up **considerably**.
ガソリンの料金がかなり値上がりした。

042 current
/kə́:rənt | kʌ́r-/
形 最新の；現在の

My students are discussing a variety of **current** news topics right now.
私の生徒たちは今、さまざまな最新の時事問題を話し合っています。

043 currently
/kə́:rəntli | kʌ́r-/
副 目下；現在のところ

We are **currently** offering air tickets to Seoul at 80% off.
今はソウルへの航空券を80%引きで提供しております。

044 temporary
/témpərèri/
形 臨時の；一時的な

The number of **temporary** workers has been increasing.
臨時従業員の数が増加している。

045 temporarily
/tèmpərérəli/
副 一時的に

The swimming pool is **temporarily** closed for renovations.
スイミングプールは改修のため一時的に閉鎖される。

046 ordinarily
/ɔ̀:rdənérəli/
副 通常は

Ordinarily I don't work overtime on Wednesday.
通常、私は水曜日は残業しない。

派 □ ordinary /ɔ́:rdənèri/ 形 普通の

▶ 144

>> 第3章　重要形容詞・副詞　★★

047 **primarily**
/práimérəli | práimər-/
副 主として；本質的に

This cross-cultural communication seminar is **primarily** for tour guides.
この異文化コミュニケーションのセミナーは、主にツアーガイド向けだ。
派 □ **primary** /práiməri | -məri/　形 第一の

048 **drastically**
/dræstikli:/
副 大幅に

I am shocked to hear that my salary will be cut **drastically** next month.
来月に給料が大幅にカットされると聞いてショックだ。
派 □ **drastic** /dræstik/　形 大幅な

049 **significantly**
/signífikəntli/
副 著しく

Oil prices rose **significantly** last year.
石油価格は昨年、著しく上昇した。
派 □ **significant** /signífikənt/　形 重大な
　 □ **significance** /signífikəns/　名 重大さ；意味

050 **beforehand**
/bifɔ́ːrhænd/
副 事前に

You have to read the material carefully **beforehand**.
資料を事前に注意して読まなければなりません。

🎧 CD-1 / Track 73

051 **however**
/hauévər/
副 しかしながら

The location of the house is good; **however**, the walls have to be repainted.
家の立地は良いけれど、壁は塗り直さなければならない。

145 ◀

052 nevertheless
/nèvərðəlés/
副 それにもかかわらず

It was raining a little; **nevertheless**, we went on a picnic.
雨が少し降っていたが、私たちはピクニックに出かけた。

053 furthermore
/fə́:rðərmɔ̀:r/
副 さらに

The actor's performance was not good; **furthermore**, the ticket was expensive.
俳優の演技は良くなかったし、おまけにチケットが高かった。

054 therefore
/ðéərfɔ̀:r/
副 それゆえに；その結果

Nancy is considerate to everyone; **therefore**, she is popular among her friends.
ナンシーは誰に対しても思いやりがあるので、彼女は友達の間で人気がある。

055 indeed
/indí:d/
副 確かに；実際に

We thought he would live only one more week, and **indeed** he died seven days later.
私たちは彼が余命1週間であろうと思ったが、本当に7日後に亡くなった。

056 accordingly
/əkɔ́:rdiŋli/
副 それに応じて

Your son is 25 years old, so you should treat him **accordingly**.
あなたの息子は25歳ですから、それ相応に対応すべきです。

057 mentally
/méntəli/
副 精神的に

Jane became **mentally** ill after her husband died.
ジェーンは夫が他界してから精神の病気になってしまった。

>> 第3章　重要形容詞・副詞　★★

058 **politely**
/pəláitli/

副 礼儀正しく

Front desk clerks in a hotel should greet their guests **politely**.
ホテルのフロント係は、お客様を礼儀正しくお迎えしなければなりません。

派 □ polite /pəláit/　形 礼儀正しい

059 **hesitantly**
/hézətəntli/

副 ためらいながら

She seemed nervous and answered the questions **hesitantly**.
彼女は緊張しているように見え、質問にはためらいながら答えた。

派 □ hesitant /hézitənt/　形 ためらって

060 **unexpectedly**
/ʌ̀nikspéktidli/

副 予期せずに；思いがけなく

My grandfather died **unexpectedly** of a stroke.
私の祖父は心臓発作で予期せぬ死を遂げた。

Front desk clerks in a hotel should greet their guests politely.

応用形容詞・副詞

★

CD-2 / Track 01

001 amazing
/əméiziŋ/
形 驚くべき

Robert made **amazing** progress in his performance.
ロバートは演技で素晴らしい進歩を遂げた。
派 □ **amaze** /əméiz/ 他 〜を驚嘆させる

002 brilliant
/bríljənt/
形 素晴らしい

David has a **brilliant** sense of humor.
デイビッドは素晴らしいユーモアのセンスがある。

003 wealthy
/wélθi/
形 裕福な

Samantha comes from a **wealthy** family.
サマンサは裕福な家庭の出身だ。
派 □ **wealth** /wélθ/ 名 富；財産

004 precious
/préʃəs/
形 貴重な

Time is more **precious** than money for me.
時間は私にとってはお金より貴重だ。

005 costly
/kɔ́:stli | kɔ́st-/
形 （値段が）高い

It isn't **costly** to produce dried food.
乾燥食品を作るのにお金はかからない。
派 □ **cost** /kɔ́:st | kɔ́st/ 名 費用；原価

>> 第3章 応用形容詞・副詞 ★

006 **mature**
/mətʃúər/

形 成熟している

My daughter is **mature** enough to know her own abilities.
私の娘は、自分自身の能力をわきまえるほどには成熟している。

007 **sensible**
/sénsəbl/

形 物わかりの良い；分別のある

I am happy to work under a **sensible** boss.
私は物わかりの良い上司の下で働けて幸せだ。

008 **sensitive**
/sénsətiv/

形 繊細な；敏感な；微妙な

We should avoid talking about **sensitive** topics.
微妙な話題について話すのは避けるべきだ。

009 **passionate**
/pǽʃənət/

形 情熱的な

Italians are said to be **passionate**.
イタリア人は情熱的だといわれている。

派 □ passion /pǽʃən/ 名 情熱

010 **passive**
/pǽsiv/

形 受動的な

You should be active rather than **passive**.
受け身でいるより積極的になりなさい。

反 □ active /ǽktiv/ 形 積極的な

🎧 CD-2 / Track 02

011 **definite**
/défənit/

形 明白な

I cannot give you a **definite** answer yet.
まだはっきりとはお答えできません。

派 □ definitely /défənitli/ 副 明白に
□ define /difáin/ 他 〜を定義する

149 ◀

012 visible
/vízəbl/
形 目に見える

In the distance, Mt. Aso is clearly **visible**.
遠方に阿蘇山がはっきりと見えます。

013 innocent
/ínəsənt/
形 無実の；無邪気な

They believe that Sandra is **innocent**.
彼らはサンドラが無実だと信じている。
派 □ innocence /ínəsəns/ 名 無罪；無邪気

014 protective
/prətéktiv/
形 保護する

You have to wear **protective** glasses and a helmet during this factory tour.
工場見学中は、保護眼鏡とヘルメットを着用しなければなりません。

015 dull
/dʌ́l/
形 退屈な

I was disappointed with the **dull** TV drama.
私はその退屈なテレビドラマにがっかりした。

016 annoying
/ənɔ́iiŋ/
形 困らせる

Everyone has an **annoying** habit.
誰もが、人を困らせる癖を持っているものだ。
派 □ annoy /ənɔ́i/ 他 ～を困らせる

017 fragile
/frǽdʒəl | -dʒail/
形 壊れやすい

You must not pack **fragile** items in your suitcase.
壊れやすいものをスーツケースに入れてはいけません。

>> 第3章 応用形容詞・副詞 ★

018 acute
/əkjúːt/
形 鋭い

I have an **acute** pain in my stomach.
お腹に鋭い痛みを感じる。

019 complicated
/kámpləkèitid | kɔ́m-/
形 複雑な

This 3,000-piece jigsaw puzzle is **complicated**.
この3000ピースのジグソーパズルは複雑だ。

020 chemical
/kémikəl/
形 化学的な
名 化学物質；化学製品

They did a **chemical** experiment.
彼らは化学実験をした。

🎵 CD-2 / Track 03

021 faithful
/féiθfəl/
形 忠実な；信心深い

Hachi is a **faithful** dog.
ハチは忠犬だ。
派 □ faith /féiθ/ 名 信念

022 jealous
/dʒéləs/
形 嫉妬して

Don't be so **jealous** of her success.
彼女の成功にそんなに嫉妬しないで。
派 □ jealousy /dʒéləsi/ 名 嫉妬

023 abstract
/ǽbstrækt | -́-/
形 抽象的な

This poem is too **abstract** for me to understand.
この詩は抽象的すぎて私には理解できない。

151 ◀

024 objective
/əbdʒéktiv/

形 客観的な

Mr. Powers gave an **objective** opinion.
パワーズ氏は客観的な意見を述べた。

反 □ subjective /səbdʒéktiv/ 形 主観的な

025 cruel
/krúːəl/

形 残酷な

We should stop killing animals in **cruel** ways.
残酷な方法で動物を殺すのはやめるべきだ。

派 □ cruelty /krúːəlti/ 名 残酷さ

026 unaware
/ʌ̀nəwéər/

形 気づいていない

Christy was **unaware** of the fact that she was not popular with her coworkers.
クリスティーは同僚に人気がないという事実に気づいていなかった。

027 unfair
/ʌ̀nféər/

形 不公平な

This regulation is **unfair** to employees.
この規則は従業員にとって不公平だ。

028 uncomfortable
/ʌ̀nkʌ́mfərtəbl/

形 居心地が悪い；不愉快な

I felt **uncomfortable** when my parents started arguing.
両親が口論を始めたとき、私は居心地が悪かった。

029 insecure
/ìnsikjúər/

形 不安定な；不安な

Many senior citizens feel **insecure** about their future.
多くの高齢者が未来に不安を感じている。

>> 第3章 応用形容詞・副詞 ★

030 dishonest
/disánist | -ɔ́n-/
形 不誠実な；不真面目な

Mike admitted his **dishonest** behavior.
マイクは自分の不誠実な行動を認めた。

CD-2 / Track 04

031 serious
/síəriəs/
形 真剣な；深刻な

Please don't be so **serious**.
そんなに深刻にならないでください。
派 □ **seriously** /síəriəsli/ 副 真剣に；深刻に

032 unsuitable
/ʌ̀nsúːtəbl | ʌ̀nsjúːt-/
形 適していない

This land is **unsuitable** for farming.
この土地は農耕に適していない。

033 extreme
/ikstríːm/
形 極端な；最高の

Use **extreme** caution when you drive on icy roads.
凍結した道路を車で走る際は細心の注意を払ってください。

034 extremely
/ikstríːmli/
副 極度に

This winter is **extremely** cold.
今年の冬は特に寒い。

035 incredible
/inkrédəbl/
形 信じられない

It is **incredible** that my son wants to become a university professor.
私の息子が大学教授になりたいとは、信じられない。

036 incredibly
/inkrédəbli/

副 信じられないほど

He said something **incredibly** foolish during his speech.
彼はスピーチで信じられないほどばかげたことを言った。

037 physical
/fízikəl/

形 身体の；物質の；物理の

You have to do regular **physical** exercise in order to lose weight.
減量するためには定期的な運動をしなければならない。

038 physically
/fízikəli/

副 身体的に；物理的に

Physically I look like my father.
身体的には、私は父に似ている。

039 rare
/réər/

形 まれな；めずらしい

It is **rare** for Alison to ask for my assistance.
アリソンが私の助けを求めるのはまれだ。

040 rarely
/réərli/

副 めったに〜ない

It **rarely** rains in this area.
この地域ではめったに雨が降らない。

CD-2 / Track 05

041 eager
/í:gər/

形 熱心な

I was an **eager** collector of stamps when I was a child.
私は子供のとき、熱心な切手収集家だった。

▶ 154

>> 第３章　応用形容詞・副詞 ★

042 eagerly
/íːgərli/
副 熱心に

Mariko is **eagerly** looking forward to her pen pal's visit to Japan.
真理子は、彼女の文通友達が来日するのをとても楽しみにしている。

043 particularly
/pərtíkjələrli | -kju-/
副 特に

The French dishes were very good; I **particularly** liked the dessert.
フランス料理はとてもおいしくて、特に私はデザートが好きだった。
派 □ particular /pərtíkjələr | -kju-/　形 特別の；特定の

044 especially
/ispéʃəli/
副 特に

They had an **especially** expensive wedding.
彼らは格別に高価な結婚式を挙げた。

045 moreover
/mɔːróuvər/
副 その上；さらに

Computers are getting cheaper; **moreover**, their quality is improving.
コンピュータはどんどん安くなっていて、その上、品質が良くなっている。

046 besides
/bisáidz/
副 その上；その他に

I purchased everything on my list for the trip, and a few other things **besides**.
私は旅行のために、リストにあるすべてのものと、さらに他のものもいくつか購入した。

047 presently
/prézntli/
副 現在；まもなく

Our president is **presently** in London.
社長は現在ロンドンにいます。
派 □ present /préznt/ 形 いる；出席している

048 endlessly
/éndlisli/
副 果てしなく；継続的に

The classmates talked **endlessly** at the reunion party.
級友たちは同窓会で延々とおしゃべりをした。
派 □ endless /éndlis/ 形 果てしない

049 relatively
/rélətivli/
副 比較的に；割合に

Spanish is said to be **relatively** easy to learn.
スペイン語は、学ぶのが比較的簡単だといわれている。

050 nearly
/níərli/
副 ほとんど；もう少しで

Jack was **nearly** hit by a car.
ジャックはもう少しで車にひかれるところだった。

CD-2 / Track 06

051 slightly
/sláitli/
副 わずかに

My opinion is **slightly** different from yours.
私の意見は、あなたの意見と少しだけ違います。
派 □ slight /sláit/ 形 わずかな

052 randomly
/rǽndəmli/
副 適当に；無作為に

They **randomly** made selections from the menu.
彼らはメニューから適当に選んだ。
派 □ random /rǽndəm/ 形 無作為の

>> 第3章 応用形容詞・副詞 ★

053 **accidentally**
/æksidéntəli/

副 偶然に；誤って

I **accidentally** deleted a file.
私は誤ってファイルを削除してしまった。

派 □ accidental /æksidéntəl/ 形 偶然の
　　□ accident /æksidənt/ 名 事故

054 **similarly**
/símələrli/

副 同様に；同じように

The twin girls were dressed **similarly**.
双子の女の子たちは同じような服を着ていた。

派 □ similar /símələr/ 形 似ている

055 **somehow**
/sámhàu/

副 どうにかして；どういうわけか

I was very busy, but **somehow** I managed to hand in my monthly report.
私はとても忙しかったが、月例報告書をなんとか提出することができた。

056 **skillfully**
/skílfəli/

副 上手に

I was surprised to see my American clients using chopsticks **skillfully**.
私はアメリカ人の顧客たちが箸を上手に使っているのを見て驚いた。

057 **doubtfully**
/dáutfəli/

副 疑わしげに

He looked at me **doubtfully** when I said I had enjoyed the concert.
私がコンサートを楽しんだと言ったとき、彼は私を疑わしげに見た。

派 □ doubtful /dáutfəl/ 形 疑わしい

058 curiously
/kjúəriəsli/
副 もの珍しそうに

They looked **curiously** at me.
彼らは私を好奇の目で見た。

派 □ curious /kjúəriəs/　形 好奇心の強い
　　□ curiosity /kjùəriásəti | -ɔ́s-/　名 好奇心

059 bravely
/bréivli/
副 勇敢に

They fought **bravely**.
彼らは勇敢に戦った。

派 □ brave /bréiv/　形 勇敢な
　　□ bravery /bréivəri/　名 勇気

060 patiently
/péiʃəntli/
副 辛抱強く

I waited **patiently** for my turn to come.
私は順番が来るのを辛抱強く待った。

派 □ patient /péiʃənt/　形 我慢強い

One-Point Lesson 3

● 副詞

① 情報を追加する機能を持つ副詞は設問のターゲットになりやすい。

　also（また）、besides（さらに）、furthermore（さらに）、moreover（さらに）

② 逆説の副詞にも要注意。これらの副詞に続く文は、前文と反対の内容を提示する。

　however（しかしながら）、yet（それでも）、nevertheless（それにもかかわらず）

第4章
イディオム

ゼッタイ合格320熟語

最重要イディオム　★★★　……… 160

重要イディオム　　★★　………… 177

応用イディオム　　★　…………… 194

最重要イディオム
★★★

CD-2 / Track 07

001 account for　　　　　〜を占める；〜を説明する

Agriculture **accounts for** 5% of the national income.
農業は国民所得の5％を占める。

002 accuse *A* of *B*　　　　　*A*を*B*だとして非難する

They **accused** Nancy **of** cheating on the test.
彼らはナンシーがテストで不正行為をしたと非難した。

003 apologize for　　　　　〜を詫びる

We **apologized for** sending you the wrong item.
誤った商品をお送りしましたことを、お詫び申し上げました。

004 apply for　　　　　〜に応募する

If you are interested in working in Hong Kong, please **apply for** the position.
香港での勤務に興味がある方は、ぜひこの職にご応募ください。

005 back up　　　　　〜を支援する

Japan Automobiles **backed up** the community project.
日本自動車は地域社会のプロジェクトを支援した。

006 *be* about to *do*　　　　　今にも〜する

When Jack knocked at the door, I **was** just **about to** call him.
ジャックがドアをノックしたとき、私はちょうど彼に電話をするところだった。

>> 第4章　最重要イディオム ★★★

007 *be* absorbed in　　　　〜に没頭する

She **was absorbed in** writing a novel.
彼女は小説を書くことに没頭した。

008 *be* amazed at　　　　〜に驚く

I **was amazed at** the news that Nancy is getting married to George.
私はナンシーがジョージと結婚するというニュースに驚いた。

009 *be* ashamed of　　　　〜を恥じている

He **is ashamed of** having failed the test.
彼は試験に落ちたことを恥じている。

010 *be* aware of　　　　〜に気づいている

We **are aware of** the dangers of second-hand smoke.
私たちは間接喫煙の危険性に気づいている。

CD-2 / Track 08

011 *be* based upon [on]　　　　〜に基づいている

This book **is based upon** her experiences.
この本は彼女の経験に基づいている。

012 *be* capable of　　　　〜することができる

This translator **is capable of** translating 10 foreign languages.
その翻訳家は10カ国語を翻訳することができる。

013 *be* concerned about　　〜を心配している

I **am concerned about** the company's budget.
私は会社の予算が心配だ。

014 *be* curious about　　〜に興味がある

My four-year-old daughter began to **be curious about** singing songs.
私の４歳の娘は歌を歌うことに興味を持ち始めた。

015 *be* disappointed with　　〜に失望する

She **was disappointed with** her low score.
彼女は低い点数に失望した。

016 *be* equipped with　　〜が装備されている

Most mobile phones **are equipped with** cameras.
ほとんどの携帯電話にはカメラが装備されている。

017 *be* involved in　　〜に関与している；〜に加わっている

Helen **is involved in** various local charities.
ヘレンは地域のさまざまな慈善活動に参加している。

018 *be* responsible for　　〜に責任がある

Daniel **is responsible for** training new editors.
ダニエルは新しい編集者を訓練する責任を担っている。

019 *be* worth *doing*　　〜する価値がある

Mr. White's speeches **are** always **worth** listen**ing** to.
ホワイト氏のスピーチはいつも耳を傾ける価値がある。

>> 第4章　最重要イディオム　★★★

020 *be* worthy of　　〜に値する

Do you think that this news **is worthy of** attention?
このニュースは注目に値すると思いますか。

CD-2 / Track 09

021 bring about　　〜を引き起こす

Computers have **brought about** big changes in our lives.
コンピュータは私たちの生活に大きな変化を引き起こした。

022 can't help *do*ing　　〜せざるを得ない

I **could not help** laugh**ing** at her childish behavior.
私は彼女の子供じみた行動を笑わざるを得なかった。

023 carry out　　〜を実行する

You should **carry out** what you have promised to do.
あなたは、すると約束したことは実行しなければならない。

024 catch up with　　〜に追いつく

You must **catch up with** and overtake your rivals.
あなたはライバルに追いつき、追い越さなければならない。

025 change *one's* mind　　考えを変える

He **changed his mind** and stayed in Japan.
彼は考えを変えて、日本に残った。

026 come across
~を偶然見つける；
~に偶然出会う

He finally **came across** a convenience store after driving for an hour.
1時間も車で走り回った後に、彼はようやくコンビニを見つけた。

027 come up with
~を思いつく

Have you **come up with** any good ideas yet?
何かいいアイデアをもう思いつきましたか。

028 concentrate on
~に集中する

I **concentrated on** studying history for one hour.
私は1時間、歴史の勉強に集中した。

029 consist of
~から構成される

The committee **consists of** five members.
委員会は5人のメンバーから構成されている。

030 contribute to
~に貢献する

Mr. Chen **contributed** a lot **to** the development of the town.
チェン氏はその町の発展に多大なる貢献をした。

🎵 CD-2 / Track 10

031 cope with
~に対処する

He is able to **cope with** difficult situations.
彼は難しい状況に対処することができる。

第4章 最重要イディオム ★★★

032 count on
~を頼りにする

I always **count on** my doctor when I become sick.
私は病気になったら、いつも医者を頼りにする。

033 depend on
~次第である；
~を頼りにする

The place may be changed **depending on** the number of participants.
会場は参加者の人数次第で変更されるかもしれない。

034 do away with
~を廃止する

Some people think the government should **do away with** the consumption tax.
政府は消費税を廃止するべきだと考えている人もいる。

035 focus on
~に焦点を当てる

This seminar will **focus on** different manners and customs around the world.
このセミナーは世界中の異なったマナーと習慣に焦点を当てる。

036 get [be] accustomed to doing
~に慣れる［れている］

She **got accustomed to** keeping early hours.
彼女は早寝早起きすることに慣れた。

037 get [be] used to doing
~に慣れる［れている］

You will soon **get used to** doing several things at once.
1度にいくつかのことをすることに、すぐに慣れるでしょう。

038 get [keep] in touch with　　～と連絡を取る

They promised to **get in touch with** each other.
彼らは連絡を取り合う約束をした。

039 get rid of　　～を取り除く；～を解消する

Go to a fitness club regularly to **get rid of** stress.
ストレスを解消するためには、定期的にフィットネスクラブに行きなさい。
[類] □ remove [他] ～を取り除く

040 give up　　～をやめる；～をあきらめる

We should keep our traditions, but should **give up** bad habits.
私たちは伝統を守るべきだが、悪い習慣は捨てるべきだ。

CD-2 / Track 11

041 keep up with　　～に遅れずについていく

Mary **keeps up with** the latest fashions.
メアリーは最新のファッションに遅れることはない。

042 look up to　　～を尊敬する

I **look up to** Mother Teresa.
私はマザー・テレサを尊敬している。
[類] □ respect [他] ～を尊敬する

043 major in　　～を専攻する

I **majored in** European History.
私はヨーロッパ史を専攻した。

▶ 166

第4章　最重要イディオム　★★★

044 make sure　　　〜を確認する

Please **make sure** you turn off all the lights before leaving the office.
オフィスを出る前にすべての電気を消したかどうか確認してください。

045 make up for　　　（損失などを）埋め合わせる

I want to **make up for** lost time.
私はなくした時間を取り戻したい。
[類] compensate for　〜を埋め合わせる

046 make up *one's* mind　　　決心する

She **made up her mind** to try it again.
彼女はもう1度挑戦する決意を固めた。

047 make use of　　　〜を利用する

We should **make** good **use of** natural resources.
私たちは天然資源をうまく利用するべきだ。

048 participate in　　　〜に参加する

I **participated in** my high school reunion party last Sunday.
私は先週の日曜日、高校の同窓会に参加した。

049 pass away　　　他界する

When I was 10 years old, my grandmother **passed away**.
私が10歳のときに祖母は亡くなりました。

050 pay off
報われる；
期待の成果を上げる

I'm sure your hard work will **pay off**.
あなたの努力は、必ず報われますよ。

CD-2 / Track 12

051 pick up
〜を車で迎えに来る；
〜を車に乗せる

The hotel shuttle bus will **pick** us **up** soon.
ホテルのシャトルバスが私たちをすぐに迎えに来てくれる。

052 put off
〜を延期する

The athletic meeting will be **put off** until next Sunday.
運動会は次の日曜日に延期される。
[類] □ postpone [他] 〜を延期する

053 put up with
〜を我慢する

I can't **put up with** his rude behavior.
私は彼の無礼な行動を我慢できない。

054 refer to
〜を参照する

It is OK to **refer to** your notes only a few times while speaking in public.
公の場でスピーチをしているときは、数回程度に限ってメモを参照してもよい。

055 rely on
〜に頼る

You shouldn't **rely on** your seniors too much.
あなたは先輩たちに頼りすぎるべきではない。

>> 第4章　最重要イディオム ★★★

056 remind *A* of *B*　　　AにBを思い出させる

This picture **reminds** me **of** my grandmother.
この写真は私のおばあさんを思い出させてくれます。

057 result in　　　（結果的に）〜に終わる

My weight-loss plan has **resulted in** failure again.
私の減量プランは再び失敗に終わってしまった。

058 suffer from　　　〜に苦しむ

My grandmother seems to **suffer from** loneliness when she is alone.
私の祖母は1人のときは孤独感にさいなまれているように思われる。

059 take advantage of　　　〜を利用する

You should **take advantage of** every chance.
あなたはどのようなチャンスも利用すべきです。

060 take after　　　（親などに）似ている

You **take after** your grandfather.
あなたはおじいさんにそっくりだ。

🎵 CD-2 / Track 13

061 take part in　　　〜に参加する

I **took part in** the speech contest.
私はそのスピーチコンテストに参加した。

169

062 take place 起こる；行われる

The Detroit Automobile Show **took place** in January.
デトロイト自動車ショーは1月に開催された。

063 a series of 一連の〜

There has been **a series of** accidents on Montana Highway.
モンタナ・ハイウェーで相次いで事故が発生した。

064 ahead of schedule 予定よりも早く

The new library was completed two weeks **ahead of schedule**.
新しい図書館は予定よりも2週間早く完成した。

065 and so on 〜など；その他もろもろ

April is the month when we start the new school year, new jobs, **and so on**.
4月は新たな学年や仕事などが始まる月だ。

066 anything but 決して〜ではない

This question is **anything but** easy.
この問題は決して簡単ではない。

067 as a result 結果として

As a result, she lost ten kilograms in two months.
結果として、彼女は2カ月で10キロ減量した。

>> 第4章　最重要イディオム　★★★

068 as a rule　　概して；たいてい

As a rule, she doesn't drink coffee or tea after 11 o'clock.
彼女はたいてい11時以降にはコーヒーもお茶も飲まない。

069 as follows　　次のように

The factory tour schedule is **as follows**.
工場見学ツアーのスケジュールは、次のようになります。

070 as for　　〜については

As for me, I prefer Chinese food to Italian food.
私に関して言えば、イタリア料理より中華料理のほうが好きだ。

🎧 CD-2 / Track 14

071 at times　　時々

At times I feel stress in my workplace.
時々、私は会社でストレスを感じる。

072 behind schedule　　予定より遅れて

Due to the blackout, the train arrived **behind schedule**.
停電のために、電車は予定よりも遅れて到着した。

073 bound for　　（交通機関が）〜行きの

The plane **bound for** London was delayed for two hours due to a mechanical problem.
ロンドン行きの飛行機は、機械の不具合により2時間遅れました。

074 by accident 偶然に；たまたま

I met my nephew **by accident** in the bus.
私はバスの中で偶然、甥と出会った。
[類] □ by chance　偶然に

075 due to 〜のために；〜の理由で

The traffic accident was **due to** icy roads.
その交通事故は、凍結した道路が原因で起こった。
[類] □ because of　〜のために；〜の理由で
　　 □ owing to　〜のために；〜の理由で

076 for certain 確実に

I don't know **for certain** when the baseball game will begin.
いつ野球の試合が始まるか、はっきりとは知らない。
[類] □ for sure　確実に

077 for instance 例えば

If you want to get a promotion, you must, **for instance**, increase your sales.
昇進したいならば、例えば、売り上げを伸ばさなければならない。
[類] □ for example　例えば

078 for the sake of 〜のために；〜を目的に

Mark decided to stop smoking **for the sake of** his health.
マークは健康のために禁煙することを決意した。

>> 第4章　最重要イディオム　★★★

079 free of charge
無料で

You can get your watch fixed **free of charge**.
あなたは時計を無料で修理してもらえます。
類 □ for free　無料で

080 in advance
事前に

You can make a reservation one month **in advance**.
1カ月前から予約できます。

🎧 CD-2 / Track 15

081 in charge of
〜を担当して；
〜を管理して

Ms. Chen is **in charge of** marketing in France.
チェンさんはフランスでのマーケティングを担当している。

082 in common
共通の

Though Nancy and Betty are twins, they have nothing **in common**.
ナンシーとベティーは双子だが、共通点は何もない。

083 in contrast to
〜とは対照的に

In contrast to the previous vice-president, Mr. Brown is very talkative.
前副社長とは対照的に、ブラウン氏はとても話し好きだ。

084 in detail
詳細に

Please explain to me **in detail** what happened in the meeting.
会議で何が起こったのか、詳しく説明してください。

085 in fact — 実際は

I expected the lecture would be exciting, but **in fact** it was boring.
私は講義が刺激的なものになると期待していたが、実際は退屈だった。

086 in general — 概して

In general, the climate of Hawaii is mild.
概して、ハワイの気候は穏やかだ。

087 in honor of — 〜に敬意を表して；〜を祝って

They held a party **in honor of** Mr. Garcia's promotion.
彼らはガルシア氏の昇進を祝ってパーティーを開いた。

088 in other words — 言い換えれば

Everyone can read his mind; **in other words**, he shows his feelings too easily.
彼の心中は誰でもわかる。言い換えれば、彼は感情をあらわにしすぎるのだ。

089 in public — 公衆の面前で；公の場で

Mike spoke about his experience **in public**.
マイクは公の場で、彼の経験について話した。

090 in short — 簡単に言えば；要するに

In short, I agree with your idea.
要するに、私はあなたのアイデアに賛成だ。

091 in spite of
〜にもかかわらず

In spite of his efforts, Mike failed in the entrance examination.
努力したにもかかわらず、マイクは入学試験に落ちてしまった。
類 □ despite 前 〜にもかかわらず

092 in terms of
〜の観点から

We talked about the problem **in terms of** morality.
私たちはその問題を倫理の観点から話し合った。

093 instead of
〜の代わりに

Mike sent a messenger **instead of** going by himself.
マイクは自分で行く代わりに、使いの者を送った。

094 let alone
〜どころか；
〜は言うまでもなく

I didn't even have time to read a newspaper, **let alone** a novel.
私は小説どころか、新聞を読む時間さえない。

095 no longer
もはや〜でない

This microwave oven is **no longer** in production.
この電子レンジは、現在はもう製造しておりません。

096 on behalf of
〜を代表して；
〜の代わりに

I'd like to present this gift **on behalf of** the team members.
チームのメンバーを代表して、このプレゼントを贈呈させていただきます。

097 on purpose — 故意に

It wasn't an accident. Jim did it **on purpose**.
それは偶然ではなかった。ジムはそれを故意にやった。

098 out of control — 制御できない

When our boss gets angry, he sometimes gets **out of control**.
私たちの上司は怒ると、手がつけられない状態になるときがある。

099 out of order — 故障して

This vending machine is **out of order**.
この自動販売機は故障している。

100 owing to — 〜のおかげで

Owing to your help, I could finish my task on time.
あなたの手助けのおかげで、仕事を時間通りに終えることができました。

重要イディオム ★★

CD-2 / Track 17

001 adapt to
〜に適応する

He is good at **adapting to** changes in technology.
彼は技術の変化に適応するのが上手である。

002 adjust *A* to *B*
Bに合わせてAを調整する

Adjust the seat **to** your height.
座席をあなたの背丈に合わせて調整してください。

003 aim at
〜をねらう；
〜を対象とする

This magazine was originally **aimed at** businesspeople.
この雑誌は元々、ビジネスパーソンが対象だった。

004 amount to
（合計が）〜に達する

The cost of the repairs **amounted to** $100.
修理の費用は100ドルになった。

005 attach *A* to *B*
AをBに添付する

Please **attach** the receipt **to** this form.
この用紙に領収書を添付してください。

006 *be* bored with
〜にうんざりしている；
〜に飽きている

She **is bored with** doing the same thing again and again.
彼女は同じことを何度もすることにうんざりしている。

007 *be* fascinated with　　～に魅了される

I **am** often **fascinated with** the customs and traditions of other countries.
私は他国の習慣や伝統にしばしば魅了される。

008 *be* located in　　～に位置する

The new head office **is located in** West Lake City.
新しい本社はウエストレイク市にあります。

009 *be* patient with　　～に忍耐強く接する

You have to **be patient with** new employees.
あなた方は新入社員には辛抱強く接しなければならない。

010 *be* short and to the point　　簡潔で要領を得ている

What he says **is** always **short and to the point**.
彼が言うことはいつも簡潔で要領を得ている。

CD-2 / Track 18

011 bear ～ in mind　　～を心に留める

Please **bear in mind** that you can't be too careful in choosing your friends.
友人を選ぶときは、慎重になるに越したことはないと心に留めておいてください。

012 blame *A* for *B*　　*B*の責任を*A*に負わせる

The shopkeeper **blamed** the economic slump **for** the poor Christmas sales.
店主はクリスマスの販売不振を不景気のせいにした。

第4章　重要イディオム　★★

013 break down　　故障する

A car **broke down** in the tunnel and it backed up the traffic.
車がトンネル内で故障し、交通渋滞を引き起こした。

014 break into　　〜に押し入る

A burglar **broke into** the bank yesterday.
昨日、銀行に強盗が押し入った。

015 break out　　（突然）発生する

A fire **broke out** in my neighborhood last night.
昨夜、私の家の近所で火事が起こった。

016 bring up　　〜を育てる

The singer was born in Japan and **brought up** in France.
その歌手は日本で生まれ、フランスで育った。

017 burst out [into] laughing [laughter]　　突然笑い出す；大笑いする

Cindy **burst out laughing** when her friend told a funny story.
シンディーは友達が面白い話をすると突然笑い出した。

018 call off　　〜を中止する

Our company picnic was **called off** because of bad weather.
会社のピクニックは悪天候のために中止になった。

019 commute to　　〜へ通勤する

Mr. Chen **commutes to** work from Kyoto to Osaka by train.
チェン氏は京都から大阪まで電車で通勤する。

020 consist in (重要なものが)～にある

Good health **consists in** moderate exercise.
健康には適度な運動をすることが重要だ。

CD-2 / Track 19

021 cut down on ～を減らす

Ms. Smith decided to **cut down on** sweets.
スミスさんは甘いものを控えることを決めた。

022 deal in ～を商う；～を扱う

That shop **deals in** gifts.
あの店は贈答品を扱っている。

023 deal with ～に取り組む；～に対処する

He has to **deal with** a lot of new orders.
彼は多くの新規注文を処理しなければならない。

024 dedicate A to B AをBに捧げる

Mother Teresa **dedicated** her life **to** helping the poor.
マザー・テレサは貧しい人々を助けることに人生を捧げました。

025 devote *oneself* to ～に専念する

She **devoted herself to** teaching German to her students.
彼女は生徒たちにドイツ語を教えることに専心した。

≫ 第4章　重要イディオム　★★

026 distinguish *A* from *B*　　*A*を*B*と識別する

Can you **distinguish** the shampoo container **from** the rinse one?
シャンプーの容器とリンスの容器を識別できますか。
類 □ tell *A* from *B*　*A*を*B*と識別する

027 do without　　〜なしで済ます

We cannot **do without** e-mail in the workplace.
私たちは職場でEメールなしにはやっていけない。

028 end up　　結局は〜になる

Mr. Jones was from a poor family, but **ended up** becom**ing** rich.
ジョーンズ氏は貧しい家の出身だったが、最後にはお金持ちになった。

029 exchange *A* for *B*　　*A*を*B*と交換する

I would like to **exchange** this white sweater **for** that red one.
この白いセーターをあの赤いセーターと交換したいのですが。

030 figure out　　〜を理解する；〜を解く

This question is very difficult, so I can't **figure** it **out**.
この質問はとても難しいので私には解けない。

🎵 CD-2 / Track 20

031 for ages　　長い間

We haven't seen each other **for ages**.
私たちは長い間会っていない。

032 for good　　　永久に

Takashi left his hometown **for good**.
タカシは故郷を離れ、ずっと帰ってこない。

033 get along with　　　～とうまくやっていく

Mary couldn't **get along with** her coworkers, so she asked for a transfer.
メアリーは同僚たちとうまくやっていくことができず、転勤を申し出た。

034 get by　　　～でやっていく

I want to change jobs, because I can't **get by** on my small salary.
少ない給料ではやっていけないので転職したい。

035 get down to　　　～に本腰を入れる

Shall we **get down to** business?
仕事に取り掛かりましょうか。

036 glance at　　　～をちらりと見る

I **glanced at** my watch during the meeting because I had to meet my client.
私は顧客に会わなければならなかったので、会議中に時計に目をやった。

037 go through　　　～を経験する

My father **went through** a lot of difficulties when he was in his forties.
私の父は40代で多くの困難を経験した。

類 □ experience 他 ～を経験する

>> 第4章　重要イディオム　★★

038 hand in　　～を提出する

Please **hand in** your report by May 10th.
レポートを5月10日までに提出してください。
類 □ submit　他 ～を提出する

039 have trouble *do*ing　　～するのが困難である

Nancy **had trouble** explain**ing** her idea.
ナンシーは自分の考えを説明するのに苦労した。
類 □ have difficulty *do*ing　～するのが難しい

040 keep *one's* word　　約束を守る

Mary always **keeps her word**, so she is liked by everyone.
メアリーはいつも約束を守るので皆に好かれている。

🎵 CD-2 / Track 21

041 lay off　　～を（一時）解雇する

The company decided to **lay off** 500 factory workers.
会社は500人の工場従業員を一時解雇することを決定した。

042 live up to　　（期待・評判など）に沿う

I will do my best to **live up to** your expectations.
あなたの期待に沿えるように最善を尽くします。

043 look back on　　～を振り返る

I sometimes **look back on** my childhood.
私は時々、子供の頃のことを思い返す。

044 look into 〜を調査する

The police are now **looking into** the cause of the fire.
警察は今、火事の原因を調査している。

045 lose *one's* temper かっとなる；かんしゃくを起こす

My father easily **loses his temper**.
父はすぐにかっとなる。

046 make a fool of 〜をばかにする

Please don't **make a fool of** me in public.
公の場で私を笑いものにしないでください。

047 make a profit 利益を出す

I didn't **make** any **profit** when I sold my house.
私は家を売却して利益が出なかった。

048 make an attempt to *do* 〜しようと試みる

I **made an attempt to** fix the computer, but couldn't.
私はコンピュータを修理しようとしたが、できなかった。

049 make fun of 〜をからかう

When I made a mistake, Mark **made fun of** me.
私がミスをしたとき、マークは私のことをからかった。

050 make progress 進歩する

You've **made** great **progress** in your performance.
あなたの仕事ぶりは大きく進歩しました。

CD-2 / Track 22　　>> 第4章　重要イディオム　★★

051 make the most of　　～を最大限に活用する

Betty **made the most of** her time when she was a university student.
ベティーは大学生のときに最大限に自分の時間を活用した。

052 meet *one's* needs　　～のニーズに応える

We should do market research in order to **meet** our customers' **needs**.
我が社は顧客のニーズに応えるために市場調査をしなければならない。

053 pull over　　（車を）止める

The police officer **pulled over** a speeding car.
警官がスピード違反の車を止めた。

054 rob *A* of *B*　　*A*から*B*を奪い取る

Someone **robbed** me **of** my purse on the crowded train.
誰かが満員電車で私のハンドバッグを盗んだ。

055 run short of　　～が不足する

We are **running short of** ink cartridges.
インクカートリッジがなくなりつつあります。
[類] run out of　～がなくなる

056 search for　　～を探す

I **searched** in jewelry shops **for** a present for my mother.
私は母へのプレゼントを宝石店で探した。

185

057 settle down   落ち着く；定住する

Takashi loves nature and is going to **settle down** in Hokkaido.
タカシは自然が好きで、北海道に定住するつもりだ。

058 show up   現れる；来る

He didn't **show up** for the monthly meeting.
彼は月例会議に姿を見せなかった。

059 sit up   寝ずに起きている

I sometimes **sit up** all night to read a book.
私は時々、一晩中寝ないで本を読む。

060 speak ill of   ～の悪口を言う

You shouldn't **speak ill of** Nancy behind her back if she is your friend.
ナンシーがあなたの友達なら、彼女のいないところで悪口を言うべきではない。

CD-2 / Track 23

061 stick to   ～をやり遂げる

If you **stick to** it to the end, you will get a good result.
最後まで頑張れば、よい結果を得られる。

062 take ～ for granted   ～を当然だとみなす

Most Japanese **take** it **for granted** that they have a good public transportation system.
ほとんどの日本人は優れた公共交通機関があることを当たり前だと思っている。

>> 第4章 重要イディオム ★★

063 take account of
〜を考慮に入れる

You should **take account of** the fact that Mary began learning Chinese a month ago.
あなたはメアリーが1カ月前に中国語を学び始めた事実を考慮に入れるべきです。

064 take *one's* place
〜の代わりをする；〜の後任になる

As the leading actor became sick, Mark **took his place** on the stage.
主演の俳優が病気になったので、舞台ではマークが彼の代役を務めた。

065 take over
(仕事など) を引き継ぐ

Darren **took over** his father's business.
ダレンは父親の仕事を引き継いだ。
類 □ succeed to 〜を引き継ぐ

066 turn *A* into *B*
*A*を*B*に変える

Ms. Green **turned** her house **into** a gallery.
グリーンさんは自宅を画廊に改装した。

067 turn down
〜を断る；〜を却下する

They **turned down** my proposal in the meeting.
彼らはミーティングで私の提案を却下した。

068 turn in
〜を提出する

I **turned in** my report this morning.
私は今朝レポートを提出した。

069 turn off ～を消す

I **turned off** the lights before going to bed.
私は寝る前に灯りを消した。

070 turn out (to *be*) ～の結果になる

After a rainy morning, it **turned out** sunny in the afternoon.
朝は雨が降っていたが、午後になると晴れた。

CD-2 / Track 24

071 turn up 現れる

I was surprised when my husband **turned up** at my concert.
夫が私のコンサートに現れて、私は驚いた。

072 at a loss 当惑して

I was **at a loss** for words when I was asked to make a speech.
スピーチをするように頼まれたとき、私は戸惑って言葉が出なかった。

073 at a time 1度に；同時に

You can borrow up to three CDs **at a time**.
1度に3枚までCDを借りることができます。

074 at all costs 何があっても；いかなる代価を払っても

We must win the game **at all costs**.
私たちは何があっても試合に勝たなければならない。

類 □ at any cost　何があっても；いかなる代価を払っても

≫ 第4章　重要イディオム　★★

075 **at hand**　手元に

I have a memo pad **at hand**.
私は手元にメモ帳を置いている。

076 **at large**　自由の身で；捕まっていない

The escaped prisoner is still **at large**.
脱走した囚人はまだ捕まっていない。

077 **at *one's* convenience**　都合の良いときに

Please visit us **at your convenience**.
ご都合の良いときにお越しください。

078 **by all means**　何としても；ぜひとも

By all means I have to finish writing my essay by Friday.
私は金曜日までに、何としても論文を完成させなければならない。

079 **by heart**　暗記して

Let's learn this sentence **by heart**.
さあ、この文を暗記しましょう。

080 **by no means**　決して～でない

Although Steven works overtime every day, he **by no means** complains about it.
スティーブンは毎日残業しているが、それについて決して不満を言わない。

081 contrary to　　〜に反して

Contrary to my expectations, he broke his promise again.
私の期待に反して、彼は再び約束を破った。

082 in danger of　　〜の危機にあって

Japan Trading Co. is **in danger of** going bankrupt.
日本商事は倒産の危機にある。

083 in depth　　徹底的に

We should have enough time to discuss the new project **in depth**.
新しいプロジェクトについて徹底的に議論する十分な時間を持つべきだ。

084 in particular　　特に

There is nothing **in particular** I want to buy.
私は買いたい物は特にありません。

085 in the first place　　そもそも；第一に

You should have explained that **in the first place**.
あなたはまずはじめにそれを説明すべきだった。

086 in turns　　交代で

Mike and his father drove **in turns** to Key West.
マイクと父親はキーウエストまで交代で運転していった。
類　□ in turn　順番に；今度は

>> 第4章　重要イディオム　★★

087 in use
使用中で

All the printers are **in use** right now.
現在すべてのプリンターは使用中である。

088 needless to say
言うまでもなく

Needless to say, our budget is limited.
言うまでもなく、我々の予算は限られている。

089 not to mention A
Aは言うまでもなく；ましてやAは

I didn't like mathematics, **not to mention** chemistry.
私は化学は言うまでもなく、数学も好きではなかった。

090 on duty
勤務中で

There were six nurses **on duty** at 5 a.m.
午前5時には6人の看護師が勤務していた。

🎵 CD-2 / Track 26

091 once in a while
時々

She usually has lunch at the company cafeteria, but **once in a while** she likes to eat at a fast food restaurant.
彼女は普段は社員食堂で昼食をとるが、たまにはファストフード店で食べるのが好きだ。

092 out of place
場違いの

My gorgeous dress looked **out of place** at the casual party.
私の豪華なドレスは、そのカジュアルなパーティーでは場違いだった。

093 to be frank with you　　率直に言うと

To be frank with you, I can't agree with your idea.
率直に言いますと、私はあなたの考えに賛成できません。

094 to *one's* regret　　残念なことに

To my regret, I did not have enough time to go inside the Statue of Liberty.
残念なことに、私は自由の女神の中に入る時間がなかった。

095 to some extent　　ある程度まで

I was able to understand the cross-cultural seminar in German **to some extent**.
私はドイツ語で行われた比較文化セミナーをある程度までは理解することができた。

096 to tell the truth　　実を言うと

To tell the truth, I'm suffering from jet lag right now.
実を言うと、私は今、時差ぼけに苦しんでいるのです。

097 under construction　　建設中で

The new office is now **under construction**.
新しい事業所は現在建設中だ。

098 when it comes to　　〜については

When it comes to buying a new house, you should get some advice from my father.
新しい家の購入については、私の父から助言を受けるべきです。

>> 第4章　重要イディオム　★★

099 with ease 簡単に

She solves difficult questions **with ease**.
彼女は難しい問題を簡単に解く。

100 with pleasure 喜んで

George escorted Nancy to the party **with pleasure**.
ジョージは喜んでナンシーをパーティーにエスコートした。

One-Point Lesson 4

イディオム

　イディオムは会話で使われることが多いので、リズミカルに楽しく覚えましょう。「穴うめ問題」や「並べ替え問題」にもよく出題されます。また、イディオムを知っていると、リスニング力の強化にもつながります。

応用イディオム ★

CD-2 / Track 27

001 act as a bridge　　　架け橋の役割を果たす

Takeshi **acted as a bridge** between Japan and America by studying as an exchange student.
タケシは交換留学生として勉強して、日米の架け橋の役割を果たした。

002 add up　　　（数を）合計する

Nancy **added up** the bill.
ナンシーは請求書を合計した。

003 *be* fed up with　　　～にうんざりする

I **am fed up with** doing the same things every day.
私は毎日同じことをするのにうんざりしている。

004 *be* ignorant about　　　～を知らない；～について無知である

Some people **are ignorant about** modern technology.
現代のテクノロジーについて無知な人もいる。

005 *be* through with　　　～を終える

Would you lend me the newspaper when you **are through with** it?
読み終えたら新聞を貸してくれませんか。

≫ 第4章 応用イディオム ★

006 *be* tied up with 〜で忙しい

I **am tied up with** important work right now.
私は今、重要な仕事で忙しい。

007 behind *one's* back 〜のいないところで

You shouldn't complain about your boss **behind his back**.
あなたは上司のいないところで彼についての不満を言うべきではない。

008 break up 解散する

Do you know when the Beatles **broke up**?
ビートルズがいつ解散したか知っていますか。

009 break up with 〜と別れる

Mike **broke up with** his girlfriend when she moved to France.
マイクは恋人がフランスに引っ越したとき、彼女と別れた。

010 bring down 〜を引き下げる

We **brought down** the price of our products to increase our sales.
私たちは売り上げを増やすために、製品の価格を下げた。

🎵 CD-2 / Track 28

011 brush up on 〜を磨き直す；〜を復習する

Lisa is **brushing up on** Chinese which she majored in at college.
リサは大学で専攻した中国語を磨き直している。

012 bump into （人に）偶然出会う

I **bumped into** my classmate in the amusement park.
私は遊園地でクラスメートに出くわした。

013 carry on 〜を続ける

She **carried on** talking about politics for three hours.
彼女は3時間、政治について話し続けた。
[類] keep on 〜を続ける

014 catch sight of 〜をちらりと見る

I was able to **catch sight of** the baby panda in the crowded zoo.
混雑した動物園でパンダの赤ちゃんをちらりと見ることができた。

015 come to light 明らかになる

The truth will **come to light** soon.
真実はすぐに明らかになるでしょう。

016 convert A into B AをBに変える

Mr. Green **converted** his house **into** a restaurant.
グリーン氏は自宅をレストランに改装した。

017 cut off 〜を遮断する；（機械などを）止める

The gas in my house was **cut off** this morning as I had forgotten to pay the bill for a few months.
数カ月間ガス料金を払い忘れていたので、今朝、我が家のガスが止められた。

>> 第4章　応用イディオム ★

018 divide *A* into *B*
A を B に分ける

The teacher **divided** the students **into** two groups.
先生は生徒たちを2つのグループに分けた。

019 do damage to
〜に被害を及ぼす

Harmful insects **did damage to** crops this year.
今年は害虫が作物に被害を及ぼした。

020 draw out
（貯金などを）引き出す

I **drew out** 50,000 yen from the bank yesterday.
私は昨日、銀行から5万円を引き出した。

CD-2 / Track 29

021 drop 人 a line
（人に）手紙を書く

She **dropped** her boyfriend **a line** to say good-bye.
彼女はボーイフレンドにさよならを告げる手紙を書いた。

022 fall on
（責任・負担などが）〜に降りかかる

The responsibility for bringing up children should **fall on** the shoulders of both parents.
子育ての責任は両親のどちらもが負うべきだ。

023 fall through
失敗に終わる

Unfortunately, the plan **fell through**.
不運にもその計画は失敗に終わった。

024 follow one's lead
〜の後に続く；〜の先例にならう

If you don't remember the dance steps, just **follow my lead**.
このダンスステップを覚えていないなら、私に合わせなさい。

025 for the worse
悪い方向に

Suddenly, the situation changed **for the worse**.
突然、状況は悪化した。

026 get in one's way
〜の邪魔をする

My three-year old son always **gets in my way** when I'm trying to do the housework.
3歳の息子は、私が家事をしようとするといつでも邪魔をする。

027 get over
〜を克服する；〜から立ち直る

It took me a week to **get over** my jet lag.
時差ぼけを克服するのに1週間かかった。

028 get sick of
〜にうんざりする

Betty **got sick of** being asked the same questions again and again.
ベティーは同じ質問を何度もされてうんざりした。

029 give 〜 for nothing
見返りなしに〜を与える

He always **gives** me information **for nothing**.
彼はいつも何の見返りもなしに私に情報をくれる。

>> 第4章 応用イディオム ★

030 go ahead with　　～を進める

We should **go ahead with** the new campaign.
私たちは新しいキャンペーンを進めるべきだ。

CD-2 / Track 30

031 hand down　　～を譲る；～を伝える

This ring was **handed down** from mother to daughter.
この指輪は母から娘へと受け継がれた。

032 hand out　　～を配る

＊名詞 handout は1語で「印刷物；配布資料」。

The personnel department manager **handed out** the brochures to the applicants.
人事部の課長は応募者たちに案内資料を配った。

033 have an effect on　　～に影響を与える

Advertising **has an effect on** sales.
広告は販売に影響を与える。

034 have an impact on　　～に影響を与える

The politician's speech **had a** great **impact on** our town.
その政治家の演説は私たちの町に大きな影響を与えた。

035 have second thoughts　　（～について）考え直す

Sachiko wanted to travel around Europe but **had second thoughts** when she checked the airfares.
サチコはヨーロッパ旅行をしたかったが、航空運賃を調べて考え直した。

036 hit on ～を思いつく

Nancy **hit on** a good idea to solve her financial problems.
ナンシーは、金銭問題を解決する良い考えを思いついた。

037 hold *one's* tongue 黙る

Please **hold your tongue** and listen to your teacher.
黙って先生の言うことに耳を傾けなさい。

038 keep an eye on ～に注意する

Please **keep an eye on** your belongings.
所持品から目を離さないようにしてください。

039 keep *one's* fingers crossed 祈る

Please **keep your fingers crossed** for me.
私のために祈ってください。

040 keep *one's* head 冷静さを保つ

You should **keep your head** in an emergency.
緊急事態のときには冷静さを保つべきだ。

CD-2 / Track 31

041 kick out of ～から追い出す

Mary was **kicked out of** her apartment because she didn't follow the rules.
メアリーは規則を守れなかったのでアパートから追い出された。

≫ 第4章 応用イディオム ★

042 **kill time** 時間をつぶす

I **killed time** by watching TV last Sunday.
先週の日曜日は、テレビを見て時間をつぶした。

043 **knock down** ～を倒す

Some power lines were **knocked down** by the weight of the snow.
電線が数本、雪の重みで切断された。

044 **lead to** ～へ導く；～につながる

Some mistakes **lead to** great discoveries.
過ちの中には、大きな発見につながるものがある。

045 **let go of** ～を放す

Don't **let go of** your child's hand.
子供の手を放してはいけない。

046 **look 人 in the face** （人を）じろじろ見る

My daughter couldn't **look** me **in the face**, because she had told me a lie.
娘は私の顔を見ることができなかった。なぜなら彼女は私に嘘をついていたからだ。

047 **make a contribution to** ～に貢献する

John **made** the biggest **contribution to** the team.
ジョンはチームに一番大きな貢献をした。

201 ◀

048 make a distinction between *A* and *B* — AとBを区別する

In politics, it's important to **make a** clear **distinction between** theory **and** reality.
政治においては、理論と現実の明確な区別をする必要がある。

049 make believe — ～のふりをする

My daughter likes to **make believe** she is a nurse.
私の娘は看護婦さんごっこをするのが好きだ。

050 make do with — ～で間に合わせる

We have to **make do with** what we have now.
私たちは、今持っているもので間に合わせなければならない。

🌸 CD-2 / Track 32

051 make light of — ～を軽く考える

You shouldn't **make light of** your careless mistakes.
あなたは不注意なミスを軽く考えるべきではありません。

052 make *one's* way through — ～を通り抜ける

Mary Smith, the popular singer, **made her way through** the crowd.
人気歌手のメアリー・スミスが観衆の中を通り抜けた。

053 make sense of — ～を理解する

I can't **make sense of** your idea.
私はあなたのアイデアを理解できません。

>> 第4章　応用イディオム ★

054 make time　　　　　　　　　　〜する時間をつくる

I always try to **make time** to meet my grandmother once a month.
いつも私は月に1度は祖母に会う時間をつくろうとしている。

055 make up　　　　　　　　　　（口実などを）作り上げる

Darren **made up** a bad excuse when he was late for the meeting.
ダレンはミーティングに遅れたときに下手な言い訳をした。

056 meet a deadline　　　　　　　　締め切りに間に合わせる

I have been working hard to **meet the deadline**.
私は締め切りに間に合わせるために頑張ってきました。

057 meet requirements　　　　　　　　必要条件を満たす

You don't **meet the requirements** for the job.
あなたはこの職の必要条件を満たしていません。

058 pass by　　　　　　　　　　〜を通り過ぎる

I **pass by** the museum when I go to school.
私は通学するときに美術館のそばを通り過ぎる。

059 pay a visit to　　　　　　　　　〜を訪問する

When I traveled to Beijing, I **paid a visit to** my cousin.
私は北京に旅行をしたときに、いとこを訪ねた。

060 pay well — 引き合う；儲けになる

This job does not **pay well**.
この仕事はあまり儲けにならない。

CD-2 / Track 33

061 pick out — 選び出す

I helped Nancy **pick out** a birthday present for her mother.
私はナンシーが彼女の母の誕生日プレゼントを選ぶのを手伝った。

062 play the role of — ～を演じる；～の役割を果たす

She wanted to **play the role of** princess in the school play.
彼女は学校の演劇でお姫さまの役を演じたかった。

063 pull together — 力を合わせる

We **pulled together** to make the school festival a successful one.
私たちは学園祭を成功させるために力を合わせた。

064 put an emphasis on — ～を強調する

They **put an emphasis on** the importance of communication.
彼らはコミュニケーションの重要性を強調した。

065 put aside — ～を蓄えておく

I **put aside** $400 a month to buy a new car.
私は新車を購入するために1カ月に400ドル貯めている。

>> 第4章 応用イディオム ★

066 put away　　　〜を片付ける

I told my son to **put away** his toys.
私は息子におもちゃを片付けるように言った。

067 put forward　　　〜を提出する

Please **put forward** the question to the committee.
その質問を委員会に提出してください。

068 put out　　　〜を消す

George was asked to **put out** his cigarette in the non-smoking area.
ジョージは禁煙区域でタバコを消すようにと言われた。

069 put together　　　〜を組み立てる

You should read the instructions to find out how to **put** all the pieces **together**.
部品の組み立て方について知るには、使用説明書を読むべきだ。

070 reach out for　　　〜に手を伸ばす

In the dark she **reached out for** the light switch, but couldn't find it.
彼女は暗闇で電気のスイッチに手を伸ばしたが、見つけられなかった。

CD-2 / Track 34

071 run over　　　〜を車でひく

I was almost **run over** by a car when crossing the street.
通りを渡っているときに、危うく車にひかれそうになった。

072 run through　　～をざっと読む

Please **run through** the text before the lesson.
レッスンの前にテキストをざっと読んでください。

073 sell off　　～を売却する

Michael **sold off** his house.
マイケルは自宅を売却した。

074 set off for　　～へ向けて出発する

My boss **set off for** Tokyo on urgent business.
私の上司は急用で東京に向かった。

075 show off　　～を見せびらかす

Meg is **showing off** her expensive watch to her friends.
メグは高級な時計を友人たちに見せびらかしている。

076 sit back　　くつろぐ

Please **sit back** and enjoy our music.
どうぞくつろいで私どもの演奏をお楽しみください。

077 spread out　　～を広げる

＊活用：spread-spread-spread

He **spread out** his papers on the desk.
彼は書類を机の上に広げた。

>> 第4章 応用イディオム ★

078 stand by — 待機する；〜を支持する

An ambulance is **standing by** in case anyone gets sick or injured.
誰かが病気になったり怪我をしたりする事態に備えて、救急車が待機している。

079 stand out — 目立つ

Mary **stands out** in her white dress.
白いドレス姿のメアリーは目立っている。

080 stand up for — 〜に立ち向かう；（権利などを）擁護する

It is important to **stand up for** minority rights.
少数派の権利のために戦うことが重要だ。

🎵 CD-2 / Track 35

081 stay up — 寝ずに起きている

She often **stays up** late writing her reports.
彼女はレポートを書いて夜遅くまで起きていることがたびたびある。

082 surrender (*oneself*) to — 〜に自首する；〜に屈する

The murderer **surrendered to** the police this morning.
殺人犯は今朝、警察に自首した。

083 take a nap — 昼寝をする

I like to **take a nap** on my days off.
私は休日は昼寝をするのが好きだ。

084 take action — 行動を起こす

We should **take action** now.
私たちは今、行動を起こさなければならない。

085 take back — （言葉・約束などを）取り消す

I **take back** what I said.
今言ったことは、取り消します。

086 take apart — ～を分解する

My 10-year old son **took** my watch **apart**.
10歳の息子は私の時計を分解した。

087 take away — ～を片付ける

Could you **take away** our dishes?
私たちのお皿を片付けてくれませんか。

088 take down — ～を書き留める

Ms. Smith **took down** everything the chairperson said in her notebook.
スミスさんは議長が言ったすべてのことをノートに書き留めた。

089 take hold of — ～をつかむ

Please **take hold of** the rope tightly.
ロープをしっかりと握ってください。

090 take in — ～を理解する；～を取り入れる

The professor spoke so fast that I couldn't **take** it **in**.
教授はとても速く話したので私は理解できなかった。

>> 第4章 応用イディオム ★

091 take notice of
〜に気づく；〜に注目する

Mike didn't **take** any **notice of** his parents' advice.
マイクは両親のアドバイスを気にも留めなかった。

092 take *one's* time to *do*
〜をゆっくりやる

Please **take your time to** answer the questions.
質問には十分に時間をかけてお答えください。

093 take out
〜を取り除く

I **take out** the kitchen garbage every day.
私は台所のゴミを毎日出す。

094 take up
（趣味などを）始める

Nancy **took up** aerobics.
ナンシーはエアロビクスを始めた。

095 think over
〜を熟考する

I'll **think over** this offer in my office.
このお申し出は、会社でよく考えてみます。

096 touch on
〜に言及する；〜に触れる

The speaker **touched on** human rights issues.
話し手は人権問題に触れた。

097 turn *A* away form *B*
*A*を*B*から遠ざける

You should be careful not to **turn** your head too far **away from** the microphone.
マイクから顔を離しすぎないように気をつけてください。

098 vote for
~に投票する

Who are you going to **vote for**?
あなたは誰に投票するつもりですか。

099 wear out
~を使いきる

Her tennis shoes are completely **worn out**.
彼女のテニスシューズは完全にすり切れている。

100 work out
~を解明する；
~を解決する

I had difficulty **working out** the problem by myself and asked Meg for help.
その問題を独力で解決するのは難しかったので、メグに助けを求めた。

CD-2 / Track 37

101 a piece of cake
簡単なこと

The sociology test was **a piece of cake**.
社会学のテストはとても簡単だった。

102 at a distance
距離を置いて

They look like twins **at a distance**.
彼らは少し離れて見ると双子に見える。

103 at issue
論争中の；係争中の

The problem **at issue** is whether we should change our company regulations or not.
論争中の問題は、会社の規則を変更するかどうかだ。

>> 第4章 応用イディオム ★

104 at the sight of
〜を見て

I don't know why you screamed **at the sight of** that little spider.
なぜあなたがあの小さなクモを見て叫んだのかがわからない。

105 back and forth
往復して；
行ったり来たりして

Mr. Green flew **back and forth** between Tokyo and New York on business several times last year.
グリーン氏は昨年、東京とニューヨークを出張で何度も往復した。

106 by and large
概して；全般的に

It is said that Japanese people are hard workers **by and large**.
日本人は概して働き者だといわれている。

107 every other day
1日おきに

I go to the fitness club **every other day** during winter.
私は冬の間は1日おきにフィットネスクラブに通う。

108 in a row
連続して；列になって

It rained for five days **in a row**.
5日連続で雨が降った。

109 in private
内密に

I need to talk to my teacher **in private**.
私は先生と内密に話す必要がある。

110 in return for　　　〜のお返しに

He gave me this book **in return for** my present.
彼は私のプレゼントのお返しに、この本をくれた。

CD-2 / Track 38

111 in the meantime　　　その間に

I'll be back at 4 p.m., but **in the meantime** you can just relax.
午後4時には戻りますが、それまではくつろいでいてください。

112 in vain　　　無駄に

I tried to stop my daughter from working too hard, but **in vain**.
私は娘が働きすぎることを止めようとしたが無駄だった。

113 in view of　　　〜を考慮して

He should be promoted to branch manager **in view of** his performance.
実績を考えれば、彼を支店長に昇格させるべきだ。

114 nothing but　　　ただ〜だけ

Carol talks about **nothing but** her job.
キャロルは自分の仕事の話ばかりする。

115 of help　　　役に立つ

＊〈of + 名詞〉で形容詞の役割をする。helpfulと同意。

This manual will be **of help** to you.
このマニュアルはあなたの役に立つでしょう。

≫ 第4章 応用イディオム ★

116 of no use — 役に立たない

This tool is **of no use**.
この道具は役に立たない。

117 on and off — 途切れ途切れに

It rained **on and off** this morning.
今朝は雨が降ったりやんだりした。

118 on average — 平均して

Mr. Davey receives 30 e-mail messages **on average** every day.
デイビー氏は毎日平均して30通のEメールを受信する。

119 on the move — 活発で；発展して

The economy was sluggish last year, but it's **on the move** now.
昨年は景気が低迷していたが、現在は上向きである。

120 out of shape — 体調が悪い

I have been **out of shape** for about a week.
私はここ1週間ぐらい、体調が悪い。

The economy was sluggish last year, but it's on the move now.

COLUMN　語源を使いこなそう

語源を利用して単語を部品に分解すると、単語が覚えやすくなります。その部品の組み合わせで新しい単語を予測することも可能です。

1. 語源で暗記する名詞

① **precaution**(予防策) ＝ **pre**(前に) ＋ **caution**(注意)

② **preparation**(準備) ＝ **pre**(前に) ＋ **pare**(準備する) ＋ **tion**(名詞の語尾)

③ **precedent**(前例) ＝ **pre**(前に) ＋ **ced**(行く) ＋ **ent**(名詞の語尾)

④ **priority**(優先権) ＝ **prior**(前の) ＋ **ity**(名詞の語尾)

2. 語源で暗記する動詞

① **transfer**(～を転勤させる；～を移動させる) ＝ **trans**(他のところへ) ＋ **fer**(移す)

② **transfix**(～を[他の所に]固定させる) ＝ **trans**(他の所へ) ＋ **fix**(固定させる)

③ **transplant**(～を移植する) ＝ **trans**(他の所へ) ＋ **plant**(植える)

④ **transform**(～の形を変える) ＝ **trans**(他の所へ) ＋ **form**(形)

⑤ **prescribe**(～の処方せんを書く) ＝ **pre**(前に) ＋ **scribe**(書く)

⑥ **subscribe**(購読する) ＝ **sub**(下に) ＋ **scribe**(書く)

⑦ **inquire**(尋ねる) ＝ **in**(内に) ＋ **quire**(求める)

⑧ **renew**(更新する) ＝ **re**(再び) ＋ **new**(新しい)

第5章

基本構文

ゼッタイ合格105表現

① to不定詞を取る動詞（*V to do*） ……………… 216
② 動詞＋目的語＋to＋動詞の原形（*V O to do*） … 218
③ 動名詞を取る動詞（*V* + *doing*） ……………… 219
④ to不定詞と動名詞の両方を目的語に取る動詞 … 221
⑤ その他の不定詞構文 …………………………… 222
⑥ There is no 構文 ………………………………… 223
⑦ 形式主語のIt …………… 224　⑧ 形式目的語のit ………… 225
⑨ 時を表すIt ……………… 225　⑩ 助動詞 ………………… 226
⑪ 接続詞 …………………… 228　⑫ 受動態 ………………… 230
⑬ 比較の表現 ……………… 230　⑭ Ifを用いる仮定法 ……… 232
⑮ その他の仮定法 ………… 233　⑯ 倒置構文 ……………… 234
⑰ 分詞構文 ………………… 235　⑱ その他の頻出構文 …… 237

1 to不定詞を取る動詞（*V* to *do*）

英語の動詞には、目的語として①to不定詞を取る動詞、②動名詞を取る動詞、③両方を取る動詞、があります。
まずは〈動詞 ＋ to ＋ 動詞の原形〉の形を押さえましょう。toは元々「～へ」という未来の方向を表します。よってto不定詞を目的語に取る動詞には、「決心」「意図」「希望」などに関連するものが多くあります。

CD-2 / Track 39

001 afford to *do*　　（金銭的・時間的に）～する余裕がある

I can't **afford to** purchase such an expensive car.
私はそんな高級な車を買う余裕がない。

002 attempt to *do*　　～しようと試みる

You shouldn't **attempt to** argue with him.
あなたは彼と議論しようとするべきではない。

003 manage to *do*　　なんとか～する

We finally **managed to** find a replacement for our accountant.
私たちは経理の後任をなんとか見つけることができた。

004 pretend to *do*　　～するふりをする

He **pretended to** understand technical terms.
彼は専門用語が理解できるふりをした。

005 seem to *do*　　～するように思われる

Robert **seemed to** look down on his coworkers.
ロバートは同僚たちを見下しているように思われた。

006 tend to *do*　　～する傾向がある

I **tend to** make careless mistakes when I am tired.
私は疲れているときに不注意なミスをする傾向がある。

007 agree to *do*　　～することに同意する

We **agreed to** cooperate in the development of energy resources.
私たちはエネルギー源の開発に協力することに同意した。

008 decide to *do*　　～することを決定する

Montana Co. **decided to** expand its operations in China.
モンタナ社は中国での事業を拡大することを決定した。

009 expect to *do*　　～することを期待する

Airfares were **expected to** fall due to a decline in fuel prices, but they stayed the same.
燃料費の下落のため、航空運賃は値下がりすることが期待されたが、同じままだった。

010 fail to *do*　　～することができない

The Mary Department Store is **failing to** attract customers.
メアリー百貨店は、客を引きつけることができていない。

011 hope to *do*　　～することを望む

My grandmother **hopes to** contribute to society by working as a volunteer.
私の祖母はボランティアとして働くことで、社会に貢献したいと考えている。

012 promise to *do*
〜する約束をする

The new mayor **promised to** make a regulation to protect wild animals.
新市長は野生動物を保護する規則を設けることを約束した。

013 refuse to *do*
〜することを拒否する

They **refused to** accept the decision.
彼らはその決定を受け入れることを拒否した。

2 動詞 ＋ 目的語 ＋ to ＋ 動詞の原形（*V O* to *do*）

動詞と to 不定詞の間に目的語が入る不定詞構文です。

🎧 CD-2 / Track 40

014 allow *O* to *do*
O に〜することを許可する
［許す］

Mr. White can't **allow** his son **to** behave like that.
ホワイト氏は息子がそのようなふるまいをするのを許すことができない。

015 assign *O* to *do*
O に〜するよう割り当てる
［任命する］

Our boss **assigned** me **to** do this job.
上司は私にこの仕事をするよう割り当てた。

016 beg *O* to *do*
O に〜することをお願いする

Cathy **begged** her mother **to** buy her a new mobile phone.
キャシーは母親に、新しい携帯電話を買ってくれるように頼んだ。

017 convince O to do
Oを〜するよう説得する

I **convinced** my daughter **to** give it another try.
私は娘にもう1度挑戦するよう説得した。

018 force O to do
Oに〜することを強いる

The parents **forced** their son **to** study very hard.
両親は息子に、一生懸命勉強することを強いた。

019 persuade O to do
Oを〜するよう説得する

They **persuaded** people **to** use less energy in their homes.
彼らは人々を自宅でのエネルギー使用を減らすよう説得した。

020 urge O to do
Oに〜するよう強く勧める

Christy **urged** her daughter **to** study Chinese.
クリスティーは自分の娘に中国語を勉強するよう促した。

3 動名詞を取る動詞（V doing）

〈動詞 + 動名詞〉の形です。目的語に動名詞を取る動詞は、過去のこと、避けたい気持ち、未来のことで避けたいこと、などを表すものが多くあります。例外としてenjoyやkeepがよく出題されます。

CD-2 / Track 41

021 avoid doing
〜することを避ける

Since Mr. Richards was tired, he **avoided** work**ing** in the laboratory.
リチャーズ氏は疲れていたので、実験室で作業することを避けた。

022 enjoy *doing* 〜することを楽しむ

My grandmother **enjoys** look**ing** around antique furniture shops.
私の祖母はアンティーク家具の店を見てまわるのを楽しむ。

023 keep *doing* 〜することを続ける

My daughter **kept** practic**ing** the piano for three hours yesterday.
私の娘は昨日、3時間ピアノを練習し続けた。

024 finish *doing* 〜を終える

Mike has **finished** clean**ing** the kitchen.
マイクは台所の清掃を終えたところだ。

025 mind *doing* 〜を気にする

＊ Would you mind *doing* 〜？＝「〜してくださいませんか」

Would you **mind** cook**ing** dinner after watching the TV drama?
テレビドラマを見たら、夕食を作ってもらえませんか。

026 resist *doing* 〜を避ける

Mark couldn't **resist** laugh**ing** at his brother's jokes.
マークは兄のジョークに笑わずにはいられなかった。

027 quit *doing* 〜することをやめる

You should **quit** complain**ing** and start acting.
あなたは文句を言うのをやめて、行動を起こさなければなりません。

4 to不定詞と動名詞の両方を目的語に取る動詞

〈動詞 + to不定詞〉はto不定詞の動作がこれから実行されることを表し、〈動詞 + 動名詞〉は動名詞の動作がすでに実行されたことを表します。

CD-2 / Track 42

028 remember to *do* 　　〜することを覚えている；〜することを忘れない

Please **remember to** lock the door before you go out.
出かける前にドアに鍵をかけるのを忘れないでください。

029 remember *do*ing 　　〜したことを覚えている

Though I **remember** hav**ing** spoken with him, I can't think of his name.
私は彼と話したことを覚えているけれど、彼の名前が思い出せない。

030 regret to *do* 　　残念ながら〜する

I **regret to** say that I cannot accept your kind invitation.
せっかくのご招待ですが、残念ながらお受けできないことをお知らせいたします。

031 regret *do*ing 　　〜したことを後悔する

I **regret** spend**ing** so much money on shopping.
買い物にお金を使いすぎたことを後悔している。

5 その他の不定詞構文

CD-2 / Track 43

032 only to find that S V
結局［結果的に］SがVするとわかる

Darren waited in line in front of the box office, **only to find that** the tickets had been sold out.
ダレンはチケット売り場の前に並んだが、結局チケットは全部売り切れだとわかった。

033 so 形容詞／副詞 as to do
〜するほど 形容詞／副詞 である

He was **so** kind **as to** look for my electronic dictionary.
彼は親切にも私の電子辞書を探してくれた。

034 all S (have to) do is (to) do
Sは〜してばかりいる

All you do is complain about your job.
君は仕事の文句を言ってばかりいる。

035 be made to do
〜させられる

I **was made to** wait for one hour while my watch was repaired.
私は時計が修理されている間、1時間待たされた。

6 There is no 構文

There is no 構文は、no 〜に続く名詞や動詞、節を否定します。

CD-2 / Track 44

036 There is no doubt　　〜であることは疑いがない

There is no doubt that he is a reliable person.
彼が信頼できる人であることは疑いがない。

037 There is no hope　　〜の望みがない；〜の見込みがない

There is no hope that she will return safely.
彼女が無事に戻ってくるという望みはない。

038 There is no *do*ing　　〜ができない

There is no know**ing** what will happen tomorrow.
明日何が起こるかわからない。

039 There is no point in *do*ing　　〜しても無駄である

There is no point in buy**ing** a book if you don't read it.
読まないなら本を買っても無駄だ。

040 There is no need to *do*　　〜する必要はない

There is no need to follow such nonsensical advice.
そんなばかげたアドバイスに従う必要はない。

7 形式主語のIt

英語では主語(主部)が長い場合は、形式的にItを主語として文頭に置きます。真の主語はthat節になります。

CD-2 / Track 45

041 It follows that S V C　　SがCということになる

Just because Meg has many friends, **it doesn't follow that** she is sociable.
メグに多くの友達がいるというだけでは、彼女が社交的だということにはならない。

042 It turns out that S V C　　SがCだとわかる

It turned out that the rumor was true.
そのうわさは真実だということがわかった。

043 It occurred to 人 that S V C　　人はSがCだと思いついた

It occurred to me **that** Ms. Garcia is the right person for the accountant position.
私はガルシアさんが経理担当の適任者だと思いついた。

▶ 224

>> 第5章　基本構文

8　形式目的語の it

目的語が長い場合は、形式的に it を目的語として用い、その後に真の目的語を置きます。2級に出題されやすいのは find と think の形です。

CD-2 / Track 46

044　find [think] it 形容詞 to do　　〜が 形容詞 だとわかる

＊ it = to do

I **found it** impossible **to** become an astronomer.
私は天文学者になることが不可能だとわかった。

045　think [find] it 形容詞 that S V　　SがVすることは 形容詞 だと思う

＊ it = that S V

I **thought it** strange **that** my coworker left the company without finishing her work.
私は同僚が仕事を終えずに退社したことを変だと思った。

9　時を表す It

2級レベルのものを押さえておきましょう。

CD-2 / Track 47

046　It won't be long before S V　　すぐにSがVする

It won't be long before you have to make a living by yourself.
まもなくあなたは自分で生計を立てなければならないでしょう。

225

047 It is not until *A* that *S V*   *A*になってはじめて*S*が*V*する

It was not until going home **that** she realized that she had left her umbrella somewhere.
帰宅して、彼女は傘をどこかに置き忘れてきたことに気づいた。

10 助動詞

2級レベルの助動詞を使う重要構文です。助動詞の後には動詞の原形が続くことを押さえておきましょう。過去のことを推量する場合は、助動詞の後に完了形（have ＋ 過去分詞）を続けます。

CD-2 / Track 48

048 had better *do*   〜したほうがいい

You **had better** not go out on a rainy day like this.
こんな雨の日には、出かけないほうがいい。

049 would rather *do*   むしろ〜したい

＊否定形は would rather not *do* ＝「むしろ〜したくない」
I **would rather** not have an aisle seat.
通路側の席にはつきたくない。

050 would rather *A* than *B*   *B*よりむしろ*A*をしたい

＊ A、B は動詞の原形。
I **would rather** go to the movies **than** watch DVDs at home.
家でDVDを見るよりもむしろ映画に行きたい。

▶ 226

>> 第5章　基本構文

051 may as well *do* — ～したほうがいい

You **may as well** commute by train.
あなたは電車で通勤したほうがいい。

052 don't dare (to) *do* — あえて～しない；～する勇気がない

＊助動詞dareは通例、否定文・疑問文にのみ使われる。dareは動詞として「あえて～する」の意味もある。

Bob **didn't dare** tell her he didn't like the sweater, because she had spent so much time knitting it.
ボブはそのセーターが気に入らないとは、あえて彼女に言わなかった。彼女は長い時間をかけてそれを編んだからだ。

053 I wonder if S can [could] *do* — Sが～できるかどうかと思う

＊Ifの中がI couldだと「～しましょうか」という提案表現に、Ifの中がyou couldだと「～していただけないでしょうか」という依頼表現になることがある。

I wonder if I could show you around the town.
町をご案内しましょうか。

054 must have 過去分詞 — ～したに違いない

Betty **must have** made a good impression on the interviewers because she passed the interview.
ベティーは面接に合格したのだから、面接官によい印象を与えたに違いない。

055 should have 過去分詞 — ～するべきだった

I **should have** studied harder in my high school days.
私は高校時代にもっと勉強すべきだった。

056 can't have 過去分詞 — ～したはずがない

He **can't have** neglected his duties.
彼は自分の義務を怠ったはずがない。

11 接続詞

接続詞が使われる構文です。2級頻出の表現をマスターしておきましょう。

CD-2 / Track 49

057 so 形容詞／副詞 that S V とても 形容詞／副詞 なので S が V する

She was **so** tired **that** she didn't feel like working.
彼女は大変疲れていたので働く気がしなかった。

---

058 so that S can [may] do S が〜できるように

Mark spoke loudly **so that** everyone **could** hear him.
マークは皆が聞こえるように大きな声で話した。

---

059 whether 〜 or not 〜かどうか

We have been discussing **whether** we should take a sightseeing bus **or not**.
私たちは観光バスに乗るべきかどうかを話し合っている。

---

060 so long as S V S が V する限り

Any movie will do **so long as** it is interesting.
面白ければ、どんな映画でもいいです。

---

061 as long as S V S が V する限り

That doesn't matter **as long as** they are satisfied with this trip.
彼らがこの旅行に満足している限り、それは問題ない。

062 as far as *S V*
*S*が*V*する限り

As far as I know, most people are happy with the renovation of the library.
私が知る限り、ほとんどの人は図書館の改築を喜んでいる。

063 for fear that *S* may [might] *do*
*S*が〜するといけないので

She has been practicing her presentation **for fear that** she **might** make mistakes on the stage.
彼女はステージで失敗しないように、プレゼンの練習をずっとしている。

064 in case *S* should *do*
*S*が〜するといけないので

I usually carry an umbrella **in case** it **should** rain.
雨が降るといけないので、私はいつも傘を携帯している。

065 in that
〜という点で

This book is similar to the last one **in that** it is based on the writer's experiences.
この本は作家の経験に基づいて書かれているという点で、前作と似ている。

066 even though *S V*
*S*が*V*するにもかかわらず

Christy won the marathon **even though** she was injured.
クリスティーは怪我をしたにもかかわらず、マラソンに優勝した。

12 受動態

受動態は「主語が〜される・〜してもらう」の意味を持ちますが、ここでは「目的語を〜してもらう」の意味を持つ２級頻出の表現をマスターしましょう。

CD-2 / Track 50

067 make *oneself* understood 　自分を相手に理解してもらう

I couldn't **make myself understood** in French.
私のフランス語は理解してもらうことができなかった。

068 get O 過去分詞 　Oを〜してもらう

I sent my CD player to the repair center to **get** it **fixed**.
私はCDプレイヤーを修理してもらうために修理センターに送った。

069 have O 過去分詞 　Oを〜してもらう

I **had** my microwave oven **fixed** by a professional electrician.
私は電子レンジをプロの電気技師に修理してもらった。

13 比較の表現

２級レベルの比較構文を押さえておきましょう。

CD-2 / Track 51

070 *A* is to *B* what *C* is to *D* 　AとBの関係はCとDの関係と同じだ

Churches **are to** Christians **what** temples **are to** Buddhists.
教会とキリスト教徒の関係は、お寺と仏教徒の関係と同じである。

071 **A times as 原級 as B** — BのA倍

＊Aには数字・数量名詞が入る。
My younger sister has four **times as** many books **as** I have.
妹は私の4倍の本を持っている。

072 **not so much A as B** — AというよりはBである

Mike is **not so much** a singer **as** an actor.
マイクは歌手というよりは俳優である。

073 **nothing is 比較級 than A** — Aほど〜なものはない

My mother believes that **nothing is more** important **than** love.
私の母は愛より尊いものはないと信じている。

074 **A rather than B** — BよりもむしろA

Mark likes to spend his day off at home **rather than** go out.
マークは休みの日は、出かけるよりも家で過ごすのが好きだ。

075 **not less than A** — Aを下回らない；Aに劣らず

They guarantee that their sausages contain **not less than** 65% meat.
ソーセージには少なくとも肉が65パーセントは含まれていることを、彼らは保証している。
類 □ at least　少なくとも

076 **know better than to *do*** — 〜するほどばかではない；〜しないくらいの分別がある

You **know better than to** quarrel with your boss.
あなたは上司と口論するほどばかではない。

077 □ **by far the** 最上級 — 群を抜いて；一番の

Carol is **by far the** best student in the class.
キャロルはクラスでずば抜けて優秀な生徒だ。

14 Ifを用いる仮定法

「仮定法過去」は、現在の事実と反することや、現在あるいは未来において実現可能性が低い仮定・願望を表します。「仮定法過去完了」は、過去の事実と異なる仮定・願望を表します。

CD-2 / Track 52

078 □ **If** S_1 過去形, S_2 **would [should / could / might]** *do* — もしS_1が〜するなら、S_2は〜するだろう

＊仮定法過去

If this computer **broke** down, I **would buy** a new one.
もしこのコンピュータが壊れたら、新しいものを買うのだが。

079 □ **If** S_1 **had** 過去分詞, S_2 **would [should / could / might] have** 過去分詞 — もしS_1が〜したなら、S_2は〜していただろう

＊仮定法過去完了

If my parents **hadn't visited** me, I **could have finished** my essay.
両親が訪ねて来なければ、私は論文を仕上げることができていただろう。

080 □ **If** S **were to** *do* — 仮にSが〜するとしたら

＊仮定法過去よりさらに実現可能性が低い。

If I **were to** be given one million yen, I would travel around Europe for a month.
もし100万円もらえたら、私は1カ月間ヨーロッパ旅行をするだろう。

081 If S should do　　万が一Sが〜ならば

If you **should** have any questions, please contact me.
もしご質問がございましたら、どうぞご連絡ください。
＊この形は伝達文などでよく出題される。

15　その他の仮定法

If節を使わない仮定法で頻出するものを紹介します。

🎧 CD-2 / Track 53

082 unless S V　　SがVしないなら

Traffic problems will get much worse **unless** the present system is changed.
現在のシステムを変えなければ、交通問題はさらに悪化するでしょう。

083 with 名詞句　　〜があれば（あったら）

＊仮定法過去にも仮定法過去完了にも使える。
With a little more money, I could buy an expensive car.
もう少しお金があれば、高級車を購入できるのだが。

084 on the condition that S V　　SがVするという条件で

Sara borrowed some money from her father **on the condition that** she would pay him back by working part-time.
サラは、アルバイトをして返済するという条件で、父親からお金を借りた。

085 Given A
A を考慮に入れると

Given a choice between Mexican and Korean food, I would choose Mexican.
メキシコ料理か韓国料理かを選べるのなら、私はメキシコ料理を選ぶ。

086 provided [providing] that S V
もし S が V するなら

I will accept the job **provided that** the salary is high.
給料が高いなら、私はその仕事を引き受けるだろう。

087 otherwise S V
さもなければ S が V する

You should take an express train; **otherwise** you will not be in time for the meeting.
急行電車に乗りなさい、さもなければミーティングに間に合いません。

16 倒置構文

英文では通常、主語が先に来て、その後に動詞が来ます。しかし特定の場合には動詞が主語より前に来ることがあり、これを「倒置」と呼びます。2級では次の2パターンを押さえておきましょう。

🎵 CD-2 / Track 54

088 no sooner had S 過去分詞 than
S が〜するとすぐに

＊否定語、準否定語が文頭に来ると、主語と動詞の順番が逆転する。

No sooner had Johnny left home **than** it started to snow.
ジョニーが家を出るとすぐに雪が降り始めた。

▶ 234

>> 第5章　基本構文

089 so V S

＊前文を受けてsoが文頭に来ると、主語と動詞の順番が逆転する。

I thought the food served at the new French restaurant was delicious, and **so** did the other customers.
私は新しいフランス料理店で出される料理はおいしいと思ったし、他の客も同様だった。

17 分詞構文

現在分詞（〜 ing）や過去分詞（〜 ed）を用いて文中の接続詞と主語を省略する形を、分詞構文といいます。2級では次のパターンを押さえておきましょう。

🎧 CD-2 / Track 55

090 considering (the fact that) S V
SがVすることを考慮すると

Considering the fact that Kenny is multilingual, it is natural that he's working in the Overseas Business Department.
ケニーが多言語を話すことを考えれば、彼が海外事業部で働くのは当然だ。

091 all things considered
すべてのことを考慮に入れると

All things considered, Mr. White is the best person for the position.
すべてを考慮すると、ホワイト氏がその職には最適任だ。

092 seen from
〜から見ると

Seen from the top of the mountain, all of the buildings looked very small.
山の頂上から見ると、すべての建物はとても小さく見えた。

235

093 judging from 〜から判断すると

Judging from the way he speaks, I guess he is a teacher.
彼の話し方から判断すると、彼は教師だと思う。

094 strictly speaking 厳密に言えば

Strictly speaking, a spider is not an insect, because it has eight legs.
厳密に言うと、クモは足が8本あるので昆虫ではない。

095 frankly speaking 率直に言えば

Frankly speaking, this movie is far from interesting.
率直に言えば、この映画は全く面白くない。

096 broadly speaking 概して

Broadly speaking, Japanese people are shy and modest.
概して日本人は、内気で謙虚である。

097 with O 過去分詞 Oを〜した状態で

＊「状態」を表すときには過去分詞を用いる。
I walked in a straight line **with** my eyes **closed** for five minutes.
私は目を閉じたまま、まっすぐ5分間歩いた。

098 with O doing Oが〜していて

＊「動作」を表すときには現在分詞を用いる。
John couldn't concentrate on his report at home **with** his daughter **playing** the piano.
娘がピアノを弾いていたので、ジョンは家で報告書に集中することができなかった。

>> 第5章　基本構文

18 その他の頻出構文

2級でターゲットになるその他の構文です。

CD-2 / Track 56

099 the last 名詞 (that) S V　　Sが最もVしそうにない名詞

Mr. Smith is **the last person** I expected to see in the museum.
スミス氏に美術館で会うとは思ってもいなかった。

100 ask O 疑問詞 S V　　Oに疑問詞（で）SがVするかと尋ねる

Mark **asked** me **where** I had studied French and German.
マークは私にどこでフランス語とドイツ語を勉強したかを尋ねた。

101 whenever 人 like　　人が好きなときにいつでも

＊wheneverは複合関係詞。複合関係詞とは、関係代名詞／関係副詞に-everの付いたもの。

You can take a paid holiday **whenever** you **like**.
あなたはいつでも好きなときに有給休暇を取れます。

102 no wonder S V　　SがVしても不思議でない

No wonder Mike looks so upset today: he failed his exam.
今日マイクが動揺しているのは無理もない、彼は試験に落ちたのだから。

103 A is one thing; B is another thing　　AとBは別のことである

It **is one thing** to know English grammar; it **is** quite **another** to speak English fluently.
英文法を知っていることと、英語を流暢に話すことは全く別だ。

237

104 despite 名詞
〜にもかかわらず

Christy won the marathon **despite** her injury.
クリスティーは怪我をしているにもかかわらずマラソンで優勝した。

105 far from (being) 形容詞
決して〜でない；
〜からほど遠い

Your essay is **far from** perfect.
あなたの論文は完璧からはほど遠いものです。

One-Point Lesson 5

● 基本構文

「並べ替え問題」を解くには、前後の文脈から空所に入る意味を予測することが必要だと思っている受験生が多いようです。しかし、英検2級の「大問2」の並べ替え問題にその必要はありません。文法や構文の知識を使って、並べ替えることができるのです。第5章の「基本構文105」を覚えていれば、正解を導き出せる問題がほとんどです。

第6章

会話表現

ゼッタイ合格75表現

① 空港・機内 ……………………… 240
② ホテル …………………………… 242
③ 交通機関・道案内 ……………… 243
④ ショッピング …………………… 244
⑤ レストラン ……………………… 246
⑥ 勧誘・依頼・提案 ……………… 247
⑦ 電話 ……………………………… 248

1 空港・機内

CD-2 / Track 57

001 **Would you like** an aisle **or** a window seat?

通路側と窓側、どちらの席がよろしいですか。

＊〈Would you like A or B?〉は丁寧に選択を求める表現。

002 **How much do I have to pay to** check in this bag?

このバッグを預けるにはいくらかかりますか。

＊〈How much do I have to pay to do ～〉＝「～をするにはいくらかかりますか」

003 **Could you** fill out this form?

この用紙に記入していただけますか。

＊〈Could you (please) do ～?〉＝「～していただけますか」は丁寧に依頼する表現。

004 **Could you please** put down your tray table?

トレー・テーブルをたたんでいただけますか。

005 I feel cold. **May I** have an extra blanket?

寒いです。もう1枚毛布をいただけますか。

＊〈May I do ～?〉＝「～してもいいですか」「～していただけますか」は許可を求めたり、依頼する表現。

006 **What's the purpose of** your visit?

訪問の目的は何ですか。

＊入国審査官が質問する決まり文句。〈What's the purpose of ～?〉は目的を尋ねる表現。

007 I'm here **on business**.

仕事でここに来ています。

＊「観光で」＝ on vacation / for sightseeing / for pleasure

▶ 240

>> 第6章　会話表現

008 **Is this** line **for** non-residents?　これは非居住者の列ですか。

＊〈Is this ... for ～ ?〉＝「この…は～のためのものですか」

009 **Where can I find** the foreign currency exchange?　外貨両替所はどこにありますか。

＊〈Where can I find ～ ?〉＝「～はどこにありますか」は、場所・所在地を尋ねる表現。

010 What is the **exchange rate**?　為替レートはいくらですか。

＊exchange rateの部分にmembership fee（会員料金）、price（価格）、postage（郵便料金）、fine（罰金）、fare（運賃）などを入れて値段を尋ねる。

011 **Would you please** cash these traveler's checks?　トラベラーズチェックを現金にしていただけませんか。

＊〈Could you (please) do ～ ?〉と同様の丁寧な依頼表現。

012 **I'd like to** change 50,000 yen into U.S. dollars.　5万円を米ドルに変えたいのですが。

＊〈I'd [I would] like to do ～〉は丁寧に願望を表す表現。

013 **How would you like** your money?　お金の内訳はどういたしましょうか。

＊〈How would you like ～ ?〉は丁寧に好み・希望を尋ねる表現。この文では、紙幣の種類、枚数を聞いている。

014 **I'd like** some small change.　小銭もほしいです。

＊〈I'd like ～〉はI want ～の丁寧な表現。change（小銭；おつり）は不可算名詞。

2 ホテル

CD-2 / Track 58

015	**I have a reservation.** I'd like to check in.	予約してあります。チェックインしたいのですが。
016	This is my **confirmation slip**.	こちらが予約確認書です。
017	I'd like to **extend my check-out time until** five tomorrow.	明日のチェックアウトの時間を5時まで延ばしたいのですが。
018	Could you **give me a wake-up call** tomorrow at seven?	明日、7時にモーニングコールをいただけませんか。
019	The air conditioner **doesn't work**.	エアコンが動きません。

＊〈doesn't work〉＝「(設備や機械が) 故障している」

020	Hot water **doesn't come out**.	お湯が出ないのですが。
021	The toilet **doesn't flush**.	トイレの水が流れません。
022	**I guess** I was overcharged.	請求額が多すぎると思うのですが。

＊〈I guess ～〉＝「～であると思う」

023	**How much do I owe** you?	おいくらですか。

＊〈How much is it?〉の丁寧な表現。

>> 第6章　会話表現

3　交通機関・道案内

CD-2 / Track 59

| 024 | I missed the shuttle bus. **How often** does it run? | シャトルバスに乗り遅れました。どれくらいの頻度で運行していますか。 |

＊〈How often ～〉は頻度を尋ねる基本表現。

| 025 | The next bus won't leave **for another hour.** | 次のバスは1時間後に出発します。 |

＊〈for [in] another hour〉＝「あと1時間」

| 026 | Excuse me, could you tell me **how to get to** the Mary Department Store? | すみません、メアリーデパートへの行き方を教えていただけますか。 |

＊〈how to get to ～〉＝「～への行き方」

| 027 | **Is there** a landmark near the department store? | デパートのそばに何か目印になるものがありますか。 |

＊〈Is there ～ ?〉＝「～はありますか」

| 028 | I'll **draw a map** for you. | 地図を描いてあげましょう。 |

| 029 | **By the way**, which platform does the train leave from? | ところで、電車は何番ホームから出るのですか。 |

＊〈By the way〉＝「ところで」は会話の途中で話題を変えるときに使う表現。

| 030 | **How much is the fare to** the airport? | 空港までの運賃はいくらですか。 |

243

| 031 | **Could you refund** this ticket? | この切符を払い戻してくれませんか。 |

＊〈Could you refund 〜 ?〉＝「〜を払い戻してくれませんか」

| 032 | **I think** I got lost. | 道に迷ってしまったようなのですが。 |

＊〈I think 〜〉＝「〜と思う」は断定を避けつつ意見を述べる表現。

| 033 | You **should have turned** left at the last traffic light. | あなたは前の信号で左折すべきでした。 |

＊〈should have + 過去分詞〉＝「(過去に)〜すべきだった」

| 034 | I was caught in a traffic jam and I didn't **make it to** the meeting on time. | 交通渋滞に巻き込まれて、時間通りに会議に行けませんでした。 |

＊〈make it to 〜〉＝「(〜の時間) に間に合う」

| 035 | I had a flat tire this morning; **that's why** I was late. | 今朝タイヤがパンクしたので、遅刻しました。 |

＊〈that's why 〜〉＝「それが理由で〜」

4 ショッピング

CD-2 / Track 60

| 036 | **Do you have this jacket in size 10?** | このジャケットのサイズ10はありますか。 |

＊〈Do you have this in size 〜 ?〉＝「これのサイズ〜はありますか」

>> 第6章　会話表現

| 037 | **Try on** some jackets to see if they fit. | ジャケットを試着して、どれがぴったりかご覧になってください。 |

＊ try on ～ / try ～ on ＝「～を試着する」

| 038 | The navy blue necktie **matches** your gray suit. | 濃紺のネクタイがあなたのグレーのスーツと合います。 |

＊ match =「（色などが）合う」は go with、suit も同義で使える。

| 039 | **Do you accept** traveler's checks? | トラベラーズチェックは使えますか。 |

＊〈Do you accept ～?〉=「～は使えますか」は支払い時の基本表現。

| 040 | Could you give me a **plastic bag**? | ビニール袋をいただけませんか。 |

| 041 | Could you **gift-wrap** this, please? | これをギフト用に包装していただけませんか。 |

| 042 | The price is **a little too** high. | 価格が少し高すぎます。 |

＊〈a little + too + 形容詞〉=「少し～すぎる」

| 043 | **How long does it take to** send this parcel to Japan by airmail? | この小包を日本に空輸するのにどれくらい時間がかかりますか。 |

＊〈How long does it take to *do* ～?〉=「～するのにどれくらい時間がかかりますか」

| 044 | **How much do you charge to** open an account? | 口座を開設するのにいくらかかりますか。 |

＊〈How much do you charge to *do* [for ～]?〉=「～にはいくらかかりますか」

245

5 レストラン

🎵 CD-2 / Track 61

| 045 | I'd like to **make a reservation for** two at seven o'clock tonight. | 今晩7時に2人の予約を入れたいのですが。 |

＊〈make a reservation for + 人数 + at + 時間〉は予約を入れる基本表現。

| 046 | I'd like to reserve **a table with a view**. | 見晴らしの良い席を予約したいのですが。 |

＊ a table with a view =「見晴らしの良い席」

| 047 | What time will you **have a table available**? | 席は何時に空きますか。 |

| 048 | What do you **recommend**? | お勧めは何ですか。 |

＊お勧めの料理などを尋ねる基本表現。

| 049 | What is **today's special**? | 今日のスペシャル（メニュー）は何ですか。 |

| 050 | I'd like the steak **well done**. | ステーキはウェルダンでお願いします。 |

＊ well done =「よく焼けている」、medium =「ふつう」、medium rare =「少しだけ焼けている」、rare =「生焼けの」。

| 051 | **Is** coffee **included in** the set menu? | コーヒーはセットメニューの中に含まれていますか。 |

＊〈Is A included in B?〉=「AはBに含まれていますか」

| 052 | I'll **treat** you. | 私がご馳走します。 |

6 勧誘・依頼・提案

CD-2 / Track 62

053 **Let's** take a walk for a change.　　気晴らしに散歩をしましょう。

* 〈Let's ～〉は勧誘の基本表現。

054 **Why don't we** get together next Saturday?　　来週の土曜日に会いませんか。

* 〈Why don't we *do* ～ ?〉=「一緒に～しませんか」

055 **How about** try**ing** that new French restaurant next to the post office?　　郵便局の隣の新しいフランス料理店を試してみるのはどうかしら。

* 〈How about *doing* ～ ?〉=「～してみるのはどうですか」

056 **Shall we** meet in front of the Sunrise Hotel?　　サンライズホテルの前で会いませんか。

* 〈Shall we *do* ～ ?〉=「～しませんか」

057 **I'd love to, but** I have another appointment.　　行きたいけれど、ほかの約束があるのです。

* 〈I'd love to, but ～〉=「そうしたいのですが～」は誘いを丁寧に断る前置きの表現。

058 **What do you say to** join**ing** our drama club?　　演劇クラブに入るのはどうですか。

* 〈What do you say to *doing* ～ ?〉=「～するというのはどうですか」

059 A: **Would you mind** check**ing** my report?
B: Not at all.

A：レポートをチェックしてくれませんか。
B：いいですよ。

*⟨Would you mind *doing* ~ ?⟩ =「～してくださいませんか」は丁寧な依頼表現。承諾するときはNo、断るときはYesで答える。

060 **I'd appreciate it if you could** give me a ride to the head office.

本社まで車に乗せてくだされば嬉しいのですが。

*⟨I'd [I would] appreciate it if you could *do* ~⟩ =「～をしていただければありがたいのですが」

7 電話

CD-2 / Track 63

061 Hello. **This is** Mike **from** ABC Trading. May I ask who is calling?

もしもし、こちらはABC商事のマイクです。どちら様でしょうか。

062 This is Yoko Yamada speaking from XYZ Insurance. **May I speak with** Ms. Smith?

XYZ保険のヤマダ・ヨウコです。スミスさんとお話できますか。

063 Would you please **put** me **through** to Mr. Smith?

スミスさんに電話をつないでいただけますか。

064 I'll **transfer your call**.

お電話を転送します。

065 He **is on another line**. Please **hold on** a second.

彼は他の電話に出ております。しばらくお待ちください。

▶ 248

>> 第6章　会話表現

066	Can I **leave a message**?	伝言をお願いできますか。
067	Can I **take a message**?	メッセージをお預かりしましょうか。
068	Could you ask him to **call** me **on my cell phone**?	私の携帯に電話いただけるよう、彼にお伝えいただけますか。
069	**I'm calling to** make an appointment.	アポイントを取るためにお電話しているのですが。

＊〈I'm calling to do ～〉＝「～するために電話している」

| 070 | **I'm calling about** the change of the meeting place and time. | 打ち合わせの場所と時刻の変更の件でお電話をしています。 |

＊〈I'm calling about ～〉＝「～の用件で電話している」

| 071 | **I'm calling because** I want you to pick me up at the airport. | 空港に迎えに来てほしいので、電話しているのですが。 |

＊〈I'm calling because ～〉＝「～の理由で電話している」

| 072 | **I'm calling to let you know** that I'll be late. | 遅れることをお知らせするために電話しているのですが。 |

＊〈I'm calling to let you know ～〉＝「～を知らせるために電話している」

留守番電話

| 073 | **You have reached** Sunny Happiness Animal Hospital. | こちらはサニーハピネス動物病院です。 |

| 074 | **We are closed** on Wednesday. | 水曜日は休診日です。 |

| 075 | **Our hours are from** 9:00 **to** 5:00. | 診療時間は9時から5時までとなっております。 |

※ office hours / business hours で「営業時間」を表す。

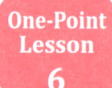

One-Point Lesson 6
会話表現

　海外旅行やオフィスをイメージしながら、楽しく学べましたでしょうか。
　第6章では、特にリスニングで出題率の高い会話表現75を集めました。
　リスニングは1度しか放送されません。ですから瞬時に理解できなければなりません。会話表現75をしっかり暗記しましょう。正解を即座に導ける問題が増えるはずです。

第7章

分野別語句

ゼッタイ頻出266語

① 環境・自然 ……………………… 252
② 健康 …………………………… 255
③ 歴史 …………………………… 258
④ 気候・天気 …………………… 261
⑤ ビジネス ……………………… 264
⑥ 旅行 …………………………… 268
| COLUMN | 学問分野 ………………… 271

CD-2 / Track 64

1 環境・自然

How can we [1] **protect** our [2] **environment**?

Over the past century, the [3] **temperature** has increased by about 5 [4] **degrees Celsius**.

Many scientists believe that [5] **global warming** is due to an increase in [6] **concentrations** of the main [7] **greenhouse gases**: [8] **carbon dioxide**, methane, nitrous oxide, and fluorocarbons.

Greenhouse gases are produced by burning [9] **natural resources** such as oil, coal and gas. If people continue to produce greenhouse gases, it will lead to more [10] **floods**, [11] **drought** and rising [12] **sea levels**.

Besides that, as you know, electricity is produced by burning [13] **fossil fuels** such as oil and coal, but such natural resources are limited. Therefore, we should develop and use [14] **alternative energy resources**, such as [15] **solar power** and [16] **wind power**. Solar panels, for example, may be expensive in the beginning, but provide cheap [17] **electricity** without causing any [18] **pollution**, and so they are a good investment.

In our daily lives, we should reduce the amount of [19] **garbage** and [20] **recycle** more by [21] **separating burnable from** non-burnable garbage.

私たちはどうやって環境を保護できるだろうか。
過去1世紀の間に気温はおよそ摂氏5度上昇した。
多くの科学者が信じているのは、地球温暖化は温室効果ガス、つまり二酸化炭素、メタン、亜酸化窒素、フロンの集積が増加したことにより生じるということだ。
温室効果ガスは、石油や石炭、ガスなどの天然資源を燃焼させることで生じる。もし人々が温室効果ガスを排出し続けると、さらなる洪水や干ばつ、海面上昇をもたらす結果となるだろう。
それに加えて、知っての通り、電気は石油や石炭などの化石燃料を燃焼させることで生み出されるが、これらの天然資源は限られている。それゆえ、私たちは太陽光や風力などの代替エネルギー源を開発し、使用するべきだ。例えば、太陽光パネルは初期段階では高価だが、いかなる汚染ももたらすことなく、安価な電気を生み出すので、結果として良い投資になるだろう。
日常生活においては、私たちはゴミの量を減らし、可燃ゴミと不燃ゴミを分別することによって、再生利用をさらに促進すべきである。

●環境保全・代替エネルギー

② ☐ environment /ínváiərənmənt/	名 環境
⑨ ☐ natural resources	天然資源
① ☐ protect /prətékt/	他 ～を保護する
☐ ecosystem /ékou-sístəm/	名 生態系
⑭ ☐ alternative energy resources	代替エネルギー源
⑮ ☐ solar power	太陽光発電；ソーラーパワー
⑯ ☐ wind power	風力発電
⑰ ☐ electricity /ilèktrísəti | èlek-/	名 電気
☐ eco-friendly /ékou-fréndli/	形 環境に優しい
☐ hybrid /háibrid/	名 形 ハイブリッド（の） ＊電気ガソリン併用車など。
☐ renewable energy	再生可能エネルギー
☐ evolution /èvəlú:ʃən | ì:və-/	名 進化

●気候変動・環境悪化

☐ climate change	気候変動
⑤ ☐ global warming	地球温暖化
☐ exhaust gas	排気ガス
☐ emit /imít/	他 ～を排出する
☐ ozone layer	オゾン層
⑱ ☐ pollution /pəlú:ʃən/	名 汚染
☐ acid rain	酸性雨
⑦ ☐ greenhouse gas	温室効果ガス
⑧ ☐ carbon dioxide	二酸化炭素
⑥ ☐ concentration /kànsəntréiʃən | kòn-/	名 集積；密集
③ ☐ temperature /témpərətʃər/	名 気温
④ ☐ degrees Celsius	摂氏～度

⑩	☐ flood /flʌ́d/	名 洪水
⑫	☐ sea level	海抜
⑪	☐ drought /dráut/	名 干ばつ
⑬	☐ fossil fuels	化石燃料
	☐ deforestation /difɔ̀:ristéiʃən | -fɔ̀r-/	名 森林破壊
	☐ logging /lɔ́:giŋ | lɔ́g-/	名 伐採
	☐ timber /tímbər/	名 材木；森林
	☐ crop /kráp | krɔ́p/	名 作物
	☐ endangered species	絶滅危惧種
	☐ harm /há:rm/	他 〜に害を与える
	☐ explosion /iksplóuʒən | eks-/	名 爆発
	☐ disaster /dizǽstər | -zá:s-/	名 災害

●ゴミ・廃棄物

⑲	☐ garbage /gá:rbidʒ/	名 (生) ゴミ
	☐ trash /trǽʃ/	名 ゴミ
	☐ littering /lítəriŋ/	名 ゴミのポイ捨て
	☐ landfill /lǽndfil/	名 埋め立てゴミ処理場
⑳	☐ recycle /rì:sáikl/	他 〜を再生する
㉑	☐ separate *A* from *B*	*A*と*B*を分別［区別］する
㉒	☐ burnable /bá:rnəbl/	形 燃える；可燃の
	☐ waste collection	ゴミ収集
	☐ toxic /táksik | tɔ́k-/	形 有毒性の
	☐ poisonous /pɔ́izənəs/	形 有毒な

2 健康

Weightlifting speeds up your **metabolism**.

When you build **muscle** mass, your muscles actually **burn** calories from your food in order to maintain themselves. Your body becomes more efficient at burning calories.

The larger your muscles are in proportion to your **frame**, the more efficiently your body burns calories. After joining weightlifting programs most women realize that they can achieve a slim and a **healthy** body without adding unwanted muscle mass.

There are still many women who want to **lose weight**, but are afraid of looking too **masculine**, but women don't have the **hormonal** make-up that men have and therefore can't build as much muscle mass. The idea that weightlifting creates unbelievably huge muscles is largely a creation of the media. Actually, weightlifting helps women burn **fat** and lose weight.

There is a mistaken idea that you can lose weight by drastically cutting down your **calorie intake**. In fact, by doing so your muscles **shrink** and your body begins to **store** **extra** fat.

ウエートリフティングは新陳代謝を促進します。
　筋肉ができると、実際に、筋肉は自らを維持するために食物のカロリーを燃焼させます。あなたの体はカロリーをより効率的に燃焼しやすくなるのです。
　体格に対して筋肉が大きければ大きいほど、あなたの体はカロリーを効率よく燃焼します。ほとんどの女性は、ウエートリフティングのプログラムに参加してから、不必要な筋肉を加えることなく、スリムで健康な体になったことに気づきます。
　減量したいのだけれども、男っぽくなるのを恐れる女性もたくさんいます。しかし、女性は男性のホルモン構成を持たないので、それほど筋肉質になることはありません。ウエートリフティングをすることで信じられないような大きな筋肉ができるという考えは、主に、マスコミが作り上げたものです。実のところ、ウエートリフティングは女性が脂肪を燃焼させ、減量するのを助けます。
　カロリー摂取量を大幅に減らすことで減量できるというのは間違った考えです。実際には、そうすることで筋肉は収縮し、体には余分な脂肪がつき始めます。

●健康管理

⑤ ☐ **healthy** /hélθi/	形	健康な
① ☐ **metabolism** /mətǽbəlìzm/	名	新陳代謝
⑦ ☐ **masculine** /mǽskjələn/	形	男性らしい ＊feminine（女性らしい）
⑧ ☐ **hormonal** /hɔːrmóunəl/	形	ホルモンの
⑨ ☐ **fat** /fǽt/	名	脂肪
⑩ ☐ **calorie intake**		カロリー摂取量
⑥ ☐ **lose weight**		減量する
③ ☐ **burn** /bə́ːrn/	他	〜を燃焼させる
⑪ ☐ **shrink** /ʃríŋk/	自	小さくなる
⑫ ☐ **store** /stɔ́ːr/	他	〜を蓄える
⑬ ☐ **extra** /ékstrə/	形	余分な

●身体の名称

④ ☐ **frame** /fréim/	名	体形
② ☐ **muscle** /mʌ́sl/	名	筋肉
☐ **stomach** /stʌ́mək/	名	胃
☐ **liver** /lívər/	名	肝臓
☐ **kidney** /kídni/	名	腎臓
☐ **lung** /lʌ́ŋ/	名	肺
☐ **wrist** /ríst/	名	手首
☐ **palm** /pɑ́ːm/	名	手のひら
☐ **thumb** /θʌ́m/	名	親指
☐ **elbow** /élbou/	名	ひじ
☐ **breast** /brést/	名	胸部
☐ **back** /bǽk/	名	背中
☐ **toe** /tóu/	名	つま先
☐ **heel** /híːl/	名	かかと

●体調・症状

☐ stay in shape		健康な状態でいる
☐ symptom /símptəm/		名 症状
☐ dizzy /dízi/		形 めまいがする
☐ nauseous /nɔ́ːʃəs | -siəs/		形 吐き気がする
☐ cough /kɔ́ːf | kɔ́f/		自 咳をする
☐ runny nose		鼻水が出る
☐ bleed /blíːd/		自 出血する
☐ blood pressure		血圧

●病気

☐ disease /dizíːz/		名 病気
☐ cold /kóuld/		名 風邪
☐ flu /flúː/		名 インフルエンザ
☐ infectious disease		伝染病
☐ cancer /kǽnsər/		名 がん
☐ rheumatism /rúːmətìzm/		名 リューマチ
☐ fracture /frǽktʃər/		名 骨折

●医療

☐ ambulance /ǽmbjələns/		名 救急車
☐ patient /péiʃənt/		名 患者
☐ physician /fizíʃən/		名 内科医
☐ surgeon /sə́ːrdʒən/		名 外科医
☐ antibiotic /æ̀ntibaiátik/		名 抗生物質
☐ pain killer		痛み止め
☐ injection /indʒékʃən/		名 注射
☐ vaccination /væ̀ksinéiʃən/		名 予防接種
☐ X-ray /éksrèi/		名 X線写真

3 歴史

In 60 B.C., Julius Caesar entered politics. He was an ambitious **general** who had already helped to expand Rome's **borders**.

Many people in Rome feared that Caesar would use his **army** against the **republican government**, so the Senate of Rome ordered him to return to Rome, and leave his armies north of the Rubicon River. Caesar refused and crossed the river with his armies, which led immediately to **civil war**.

By 45 B.C. he had **defeated** his **enemies** and had **taken over control** of the entire **Roman Empire**. A new **era** had begun. Caesar **declared** himself **dictator**, giving himself **absolute power** over the empire.

In 44 B.C., however, he was **murdered** by members of the Senate who were worried that he was **destroying** the republic. Caesar's name lives on, however, not only as a politician, but also as a historian who wrote famous **accounts** of his own **campaigns**.

　紀元前60年、ジュリアス・シーザーは政治の世界に入った。彼は野心に燃えた指揮官で、ローマの国境を拡大するのにすでに功があった。
　ローマの人々の多くはシーザーが自らの軍を率いて共和国政府に反旗を翻すのではないかと恐れた。そこでローマの元老院はシーザーに、ローマに戻ること、そして彼の軍隊をルビコン川の北に留め置くことを命じた。シーザーはこれを拒否して、軍とともに川を渡り、たちまち内戦が引き起こされた。
　紀元前45年までに、シーザーは敵を打ち負かして、ローマ帝国全土を支配下に置いた。新しい時代が始まったのだ。シーザーは自らを独裁官と宣言して、帝国全体に対する絶対的な権力を手に入れた。
　しかし紀元前44年、シーザーは、彼による共和制の破壊を危惧した元老院のメンバーによって暗殺された。それでも、シーザーの名は生き続けている。政治家としてだけではなく、自らの戦闘について有名な記述を残した歴史家としても。

>> 第7章　分野別語句

●時代と文明

⑫	era /érə/	名 時代
	ancient /éinʃənt/	形 古代の
	civilization /sìvələzéiʃən	-lai-/	名 文明
⑪	empire /émpaiər/	名 帝国
	medieval /mì:díí:vəl/	形 中世の
	Egyptian /idʒípʃən/	形 エジプト（人）の
	Greek /grí:k/	形 ギリシャ（人）の
⑩	Roman /róumən/	形 ローマ（人）の
	Renaissance /rènəsá:ns	rənéisəns/	名 ルネッサンス
	Industrial Revolution	産業革命
⑱	account /əkáunt/	名 記述

●政治

⑤	government /gÁvərnmənt/	名 政府
④	republican /ripÁblikən/	形 共和制の；共和国の
	democratic /dèməkrǽtik/	形 民主主義の
②	border /bó:rdər/	名 国境
⑨	take over control	支配する
⑬	declare /dikléər/	他 〜を宣言する
⑭	dictator /díkteitər	diktéi-/	名 独裁官；独裁者
⑮	absolute power	絶対的な権力

259 ◀

●軍事

① ☐ **general** /dʒénərəl/	名 指揮官；将軍
③ ☐ **army** /áːrmi/	名 軍隊
⑦ ☐ **defeat** /difíːt/	他 〜を負かす
⑧ ☐ **enemy** /énəmi/	名 敵
⑯ ☐ **murder** /máːrdər/	他 〜を暗殺する
⑰ ☐ **destroy** /distrɔ́i/	他 〜を破壊する
⑲ ☐ **campaign** /kæmpéin/	名 戦闘
⑥ ☐ **civil war**	内戦　＊大文字でthe Civil Warなら「アメリカの南北戦争」。
☐ **battle** /bǽtl/	名 戦い
☐ **fight** /fáit/	自 他 （〜と）戦闘する

Julius Caesar

4 気候・天気

Good morning. This is the **weather forecast** for this week.

A **low pressure** system with very **moist** air is moving in tomorrow and a snow **warning** will be in effect until Wednesday afternoon. There will be at least 7 centimeters of **snowfall** over the next two days or so in **low-lying areas** and at least 20 centimeters in the hills. **Thunderstorms** are also likely.

Roads will be **icy** and drivers **are advised to** use extreme caution.

Light **fog** and **freezing** rain will **be widespread** in the **valleys** until Wednesday. Temperatures will stay **below freezing** for most of the week and the sky will be **overcast**, but may come up to 5 degrees or so on Thursday, when we will see some sunshine. The wind will be mainly from the north and **wind speeds** of up to 50 kilometers per hour are possible on Tuesday, when there could be **blizzard** conditions.

The weather forecast will **be updated** in half an hour.

おはようございます。今週の天気予報です。
　明日には非常に湿った空気を伴う低気圧が移動してくるため、水曜の午後まで積雪警報が発令されるでしょう。これから2日間ほどは平野部で少なくとも7センチ、山間部では少なくとも20センチの積雪が見られるでしょう。また雷を伴う嵐も予想されます。
　道路は凍結の恐れがあるため、ドライバーは十分注意してください。
　渓谷部では水曜まで広い地域で薄い霧が発生し氷雨があるでしょう。気温は今週、ほぼ氷点下で、曇り空が続きますが、木曜には5度程度まで上昇して、晴れ間も見られるでしょう。主に北風が吹きつけ、火曜には最大風速毎時50キロの風が発生して、吹雪をもたらすでしょう。
　次の天気予報は30分後にお伝えします。

●天気

①	☐ weather forecast		天気予報
④	☐ warning /wɔ́ːrniŋ/	名	警報
②	☐ low pressure		低気圧
	☐ sunny /sʌ́ni/	形	晴れた
	☐ shiny /ʃáini/	形	晴れた
⑮	☐ overcast /óuvərkæst/	形	曇りの
	☐ cloudy /kláudi/	形	曇りの
⑦	☐ thunderstorm /θʌ́ndərstɔ̀ːrm/	名	雷雨
⑩	☐ fog /fάɡ | fɔ́ɡ/	名	霧
	☐ heavy rain		豪雨
	☐ shower /ʃáuər/	名	にわか雨
③	☐ moist /mɔ́ist/	形	湿った
⑧	☐ icy /áisi/	形	凍結する；凍えるような
	☐ chilly /tʃíli/	形	肌寒い
⑪	☐ freezing /fríːziŋ/	形	着氷性の；凍りつく
⑭	☐ below freezing		氷点下
⑤	☐ snowfall /snóufɔ̀ːl/	名	降雪
⑰	☐ blizzard /blízərd/	名	吹雪

●気象観測

	☐ chance of rain		降雨確率
	☐ precipitation /prisìpitéiʃən/	名	降水量
	☐ thermometer /θərmάmətər | -mɔ́mi-/	名	温度計
	☐ humidity /hjumídəti/	名	湿度
⑯	☐ wind speed		風速
	☐ weather satellite		気象衛星
	☐ observatory /əbzə́ːrvətɔ̀ːri | -təri/	名	気象台

●天気予報の動詞表現

⑨ ☐ be advised to	～してください
⑫ ☐ be widespread	広がる
⑱ ☐ be updated	更新される
☐ be expected to	～であることが予想される

●地域

⑥ ☐ low-lying area	平野部
⑬ ☐ valley /vǽli/	名 渓谷（部）
☐ coast /kóust/	名 海岸；沿岸
☐ peninsula /pənínsələ | -sju-/	名 半島
☐ inland /ínlənd/	名 形 内陸（の）
☐ continent /kάntənənt | kɔ́nti-/	名 大陸

●自然災害

☐ typhoon /taifúːn/	名 台風
☐ tidal wave	津波 ＊tsunamiも英語として使う。
☐ tornado /tɔːrnéidou/	名 竜巻
☐ torrents /tɔ́ːrənts/	名 土砂降り ＊torrential（土砂降りの）
☐ earthquake /ə́ːrθkwèik/	名 地震　＊quakeでも同意。
☐ eruption /irʌ́pʃən/	名（火山の）噴火

5 ビジネス

TO: Mr. Sam Lee
FROM: Judd Wagner
①**RE**: Your order of Nov. 10
DATE: Nov 11

I am writing ②**with regard to** the e-mail ③**order** that you **placed** on November 10. Thank you for your order of five white sweaters with rose patterns. I am sorry to be ④**replying** so late, but we were closed on Monday.

Unfortunately, the ⑤**item** you ordered on November 10 is currently ⑥**out of stock**. This item is very popular and ⑦**demand** has been very high.

The ⑧**wholesaler** is closed today, so I will complete your order tomorrow and will ⑨**inform** you when we ⑩**ship** it to you.

Thank you very much for your ⑪**patronage**.

Should you have any questions, please don't hesitate to call me at 347-9982.

Please find detailed information on the above items in the ⑫**attachment**.

受信者：サム・リー様
送信者：ジュド・ワグナー
件名：11月10日のご注文
日付：11月11日

11月10日付のメールによるご注文についてご連絡を差し上げています。バラの模様入りの白いセーター5着のご注文をありがとうございます。お返事が遅くなり申し訳ございません。月曜日は定休日でした。
申し訳ございませんが、11月10日付でご注文いただきました商品は、現在在庫がございません。この商品はとても人気があり、需要が非常に高いのです。
卸売業者は本日、休業しておりますので、明日、お客様のご依頼の商品を注文させていただき、出荷する際にはご連絡をいたします。

>> 第7章　分野別語句

ご愛顧をありがとうございます。
質問がございましたら、347-9982までご遠慮なくご連絡ください。
上記の商品に関する詳細な情報が添付資料にございます。

●メールの表現

① ☐ **RE**	前	件名；〜に関して *ラテン語より
☐ **subject** /sʌ́bdʒekt/	名	件名
② ☐ **with regard to**		〜について　*他に、concerning, regardingなども使う。
④ ☐ **reply** /riplái/	自	応答する
⑨ ☐ **inform** /infɔ́ːrm/	他	〜に知らせる［報告する］
⑫ ☐ **attachment** /ətǽtʃmənt/	名	添付（書類）
☐ **attach** /ətǽtʃ/	他	〜を添付する
☐ **forward** /fɔ́ːrwərd/	他	〜を転送する
☐ **confirm** /kənfə́ːrm/	他	〜を確認する
☐ **inquiry** /inkwáiəri/	名	問い合わせ
☐ **in response to**		〜を受けて

●取引・注文

③ ☐ **place an order**		注文する
⑩ ☐ **ship** /ʃíp/	他	〜を発送する
⑦ ☐ **demand** /dimǽnd | -máːnd/	名	需要
☐ **supply** /səplái/	名	供給
⑤ ☐ **item** /áitəm/	名	商品
⑧ ☐ **wholesaler** /hóulsèilər/	名	卸売業者
☐ **retailer** /ríːtèilər/	名	小売業者
⑪ ☐ **patronage** /pǽtrənidʒ | péit-/	名	ご愛顧
⑥ ☐ **out of stock**		在庫が切れて
☐ **negotiation** /nigòuʃiéiʃən/	名	交渉
☐ **competitor** /kəmpétətər/	名	競争者；競合会社

●会社

- president /prézidənt/ — 名 社長
- vice president — 副社長
- manager /mǽnidʒər/ — 名 部長;課長
- employer /implɔ́iər/ — 名 雇用主
- employee /implɔ́iː | èmplɔí:/ — 名 従業員;社員
- supervisor /súːpərvàizər/ — 名 上司
- founder /fáundər/ — 名 創立者
- sales department — 販売部
- personnel department — 人事部
- accounting department — 経理部
- advertising department — 宣伝部

●職業

- sales representative — セールスパーソン
- lawyer /lɔ́ːjər | lɔ́iər/ — 名 弁護士
- clerk /klə́ːrk | klɑ́ːk/ — 名 事務員
- engineer /èndʒiníər/ — 名 技術者;エンジニア
- actor /ǽktər/ — 名 俳優
- educator /édʒukèitər/ — 名 教育者
- instructor /instrʌ́ktər/ — 名 インストラクター
- professor /prəfésər/ — 名 大学教授
- assistant /əsístənt/ — 名 アシスタント
- consultant /kənsʌ́ltənt/ — 名 コンサルタント
- announcer /ənáunsər/ — 名 アナウンサー
- performer /pərfɔ́ːrmər/ — 名 上演者;演奏者
- interpreter /intə́ːrprətər/ — 名 通訳

●ビジネスの決まり文句

☐ I am writing to express my gratitude.	感謝の意を表したくお手紙を書いています。
☐ We would like to invite you to make a presentation.	プレゼンをお願いしたくお誘い申し上げます。
☐ This letter confirms your registration for our marketing seminar.	この手紙はマーケティング・セミナーへの登録を確認させていただくためのものです。
☐ This e-mail is a recommendation for Linda Smith.	このメールはリンダ・スミスさんの推薦状です。

sales representative

CD-2 / Track 69

6 旅行

We have arrived at the Orchid Garden. Here you can enjoy over 1,000 kinds of orchids in full bloom, and in the greenhouses you can find a huge number of rare and precious orchids.

I would like to [1] **point out** several things. You [2] **are allowed to** [3] **take pictures and videos**, but please [4] **refrain from** smoking in this garden and please do not [5] **touch** any of the plants.

Feel free to enjoy a delicious [6] **buffet-style** lunch in the restaurant 'Orchid' on the second floor of the [7] **observation platform**, or just try the excellent local coffee at the 'Garden Coffee House' next door.

You can buy [8] **souvenirs** at the [9] **tax-free** gift shop next to the restaurant. This gift shop offers a complimentary miniature bottle of orchid perfume if you show your [10] **admission ticket**.

You [11] **are required to** [12] **meet back** at the bus by two; our next [13] **destination** is the Thai dance show, which begins at three. This is the peak [14] **tourist** season, so please don't get lost in the crowds. I'm afraid if you are late, we won't be able to wait for you.

ラン園に到着しました。ここでは１千種類以上の満開のランを楽しんでいただけます。そして温室では、珍しい、価値の高いランが咲き誇っているのをご覧になれます。

いくつか注意させていただきます。写真およびビデオ撮影は許可されていますが、庭園内でのタバコはお控えください。また植物にはお手を触れないようお願いします。

展望台２階のレストランOrchidでビュッフェ形式のおいしいランチ、またはその隣のGarden Coffee Houseですばらしい地元コーヒーをお楽しみください。

レストランの隣の免税ギフトショップでは、お土産をお買い求めいただけます。このギフトショップでは、入場券を提示していただければラン香水のミニチュアボトルが無料でもらえます。

バスには２時までにお戻りください。次の目的地はタイ・ダンスショーで、３時に始まります。旅行のピークシーズンですので、どうぞ人ごみで迷わないようにお願いします。遅刻されても、待つことはできませんので、ご注意ください。

●観光の常用表現

① □ point out		〜に注意する；〜を指摘する
② □ be allowed to		〜することを許可する
③ □ take pictures and videos		写真とビデオの撮影をする
④ □ refrain from		〜することを控える
⑤ □ touch /tʌtʃ/		他 〜に触れる
⑪ □ be required to		〜しなければならない

●フライト

⑬ □ destination /dèstinéiʃən/		名 目的地
□ departure /dipá:rtʃər/		名 出発
□ arrival /əráivəl/		名 到着
□ boarding pass		搭乗券
□ passenger /pǽsindʒər/		名 乗客
□ take off		離陸する
□ land /lǽnd/		自 着陸する
□ altitude /ǽltitjù:d/		名 高度
□ turbulence /tə́:rbjuləns/		名 揺れ；乱気流

●出入国

□ immigration /ìmigréiʃən/		名 入国；入国管理
□ customs /kʌ́stəmz/		名 税関
□ metal detector		金属探知機
□ baggage claim		手荷物預かり所
□ lost and found		遺失物取扱所

● 滞在・観光

⑭ ☐ tourist /túərist/	名 旅行者
⑩ ☐ admission ticket	入場券
⑦ ☐ observation platform	展望台
⑧ ☐ souvenir /sùːvəníər/	名 お土産
⑨ ☐ tax-free /tæks-friː/	形 免税の
⑥ ☐ buffet-style	立食形式の
⑫ ☐ meet back	戻ってくる；落ち合う
☐ taxi stand	タクシー乗り場

One-Point Lesson 7

分野別語句

英検2級に合格するためには「英字新聞を読んで読解力をつけなければならない」「英英辞典で単語力を増強しなければならない」と考えている学習者がいます。

確かにこれらの方法は勉強になりますが、英検2級合格にはいささか回り道です。本書の分野別語句と長文例文のレベルで十分に合格できます。最近では「環境問題」が出題されやすいテーマなので、しっかり関連語を覚えましょう。

COLUMN　学問分野

2級では、教育関連のテーマの文章で、学問分野の名称が出ることがあります。主なものをまとめましたので、目を通しておきましょう。

☐ liberal arts	教養学科
☐ literature　/lítərətʃər/	文学
☐ linguistics　/liŋgwístiks/	言語学
☐ philosophy　/filásəfi | -lɔ́s-/	哲学
☐ politics　/pálətìks | pɔ́l-/	政治学
☐ economics　/èkənámiks | -nɔ́m-/	経済学
☐ sociology　/sòusiálədʒi/	社会学
☐ ethics　/éθiks/	倫理学
☐ psychology　/saikálədʒi | -kɔ́l-/	心理学
☐ anthropology　/æ̀nθrəpálədʒi | -pɔ́l-/	人類学
☐ geography　/dʒiágrəfi | dʒiɔ́g-/	地理学
☐ physics　/fíziks/	物理学
☐ astronomy　/əstránəmi | -trɔ́n-/	天文学
☐ chemistry　/kémistri/	化学
☐ electronics　/ilèktrániks | èlektrɔ́n-/	電子工学
☐ mechanics　/məkǽniks/	機械学
☐ mathematics　/mæ̀θəmǽtiks/	数学
☐ geometry　/dʒiámətri | -ɔ́m-/	幾何学
☐ arithmetic　/əríθmətik/	算数
☐ statistics　/stətístiks/	統計学
☐ medicine　/médəsin/	医学
☐ pharmacy　/fáːrməsi/	薬学
☐ genetics　/dʒənétiks/	遺伝学
☐ biology　/baiálədʒi | -ɔ́l-/	生物学
☐ ecology　/ikálədʒi | -kɔ́l-/	生態学
☐ botany　/bátəni | bɔ́t-/	植物学

INDEX

アルファベット順のさくいんです。知識の整理や記憶の確認に利用してください。見出し語のみを掲載しています。

A

A is one thing; *B* is another thing	237
A is to *B* what *C* is to *D*	230
a piece of cake	210
A rather than *B*	231
a series of	170
A times as 原級 as *B*	231
abandon	19
absence	83
absolute power	259
abstract	151
absurd	141
accept	18
access	94
accidentally	157
accommodation	107
accomplish	26
accordingly	146
account	79, 259
account for	160
accounting department	266
accuracy	100
accurate	131
accuse *A* of *B*	160
ache	43
achieve	26
achievement	70
acid rain	253
acquaintance	81
acquire	28
act as a bridge	194
actor	266
actually	135
acute	151
adapt to	177
add up	194
addition	111
additional	128
adjust *A* to *B*	177
admiration	106
admire	23
admission	83
admission ticket	270
admit	14
adopt	22
advance	51
advanced	137
advantage	75
advertising department	266
affect	39
afford to *do*	216
affordable	138

▶ 272

INDEX

agency	114
agree	17
agree to *do*	217
agreement	82
agriculture	84
ahead of schedule	170
aid	51
aim	70
aim at	177
all *S* (have to) do is (to) *do*	222
all things considered	235
allow *O* to *do*	218
allowance	112
alternate	143
alternative	139
alternative energy resources	253
altitude	269
amazing	148
ambition	88
ambitious	137
ambulance	257
amount to	177
amuse	21
amusing	129
analyze	38
ancient	127, 259
and so on	170
announcer	266
annoy	45
annoying	150
annual	131
anthropology	271
antibiotic	257
anticipation	99
anxiety	89

anxious	129
anything but	170
apologize for	160
apology	75
apparent	128
appear	24
appearance	93
appetite	88
applause	93
application	112
apply for	160
appreciate	14
approach	44
appropriate	126
approval	71
approve	17
argue	16
arithmetic	271
army	260
arrange	19
arrest	45
arrival	269
artificial	140
as a result	170
as a rule	171
as far as *S V*	229
as follows	171
as for	171
as long as *S V*	228
ascertain	66
ask *O* 疑問詞 *S V*	237
aspect	72
assert	55
assign *O* to *do*	218
assignment	113

assist	31	available	126
assistant	266	avoid *doing*	219
association	114	award	57, 96
assume	54	awful	141
assure	53		
astonish	59		

B

astronomy	271	back	256
at a distance	210	back and forth	211
at a loss	188	back up	160
at a time	188	baggage claim	269
at all costs	188	ban	57
at hand	189	bark	68
at issue	210	basement	122
at large	189	battle	260
at *one's* convenience	189	*be* about to *do*	160
at the sight of	211	*be* absorbed in	161
at times	171	*be* advised to	263
atlas	118	*be* allowed to	269
atmosphere	88	*be* amazed at	161
attach	265	*be* ashamed of	161
attach *A* to *B*	177	*be* aware of	161
attachment	265	*be* based upon [on]	161
attain	62	*be* bored with	177
attempt	73	*be* capable of	161
attempt to *do*	216	*be* concerned about	162
attend	16	*be* curious about	162
attendance	93	*be* disappointed with	162
attention	74	*be* equipped with	162
attitude	76	*be* expected to	263
attract	15	*be* fascinated with	178
attraction	89	*be* fed up with	194
attractive	126	*be* ignorant about	194
audience	81	*be* involved in	162
authority	116	*be* located in	178
autograph	104	*be* made to *do*	222

▶ 274

≫ INDEX

be patient with	178
be required to	269
be responsible for	162
be short and to the point	178
be through with	194
be tied up with	195
be updated	263
be widespread	263
be worth *do*ing	162
be worthy of	163
bear	28
bear ～ in mind	178
beat	55
beforehand	145
beg *O* to *do*	218
behave	39
behavior	94
behind *one's* back	195
behind schedule	171
below freezing	262
bend	54
beneficial	128
benefit	21, 75
besides	155
beverage	107
bill	80
biology	271
bite	63
blame *A* for *B*	178
bleed	257
blizzard	262
blood pressure	257
board	113
boarding pass	269
bond	120
border	259
botany	271
bother	46
bound for	171
brain	92
bravely	158
break down	179
break into	179
break out	179
break up	195
break up with	195
breast	256
breathe	48
breed	65
brief	142
brilliant	148
bring about	163
bring down	195
bring up	179
broadcast	35
broadly speaking	236
brochure	114
brush up on	195
budget	82
buffet-style	270
bump into	196
burden	110
burn	256
burnable	254
burst out [into] laughing [laughter]	179
bury	63
by accident	172
by all means	189
by and large	211
by far the 最上級	232

275 ◀

by heart	189
by no means	189
By the way, which platform does the train leave from?	243

C

calculate	23
call off	179
calm	140
calorie intake	256
campaign	260
Can I leave a message?	249
Can I take a message?	249
can't have 過去分詞	227
can't help *do*ing	163
cancer	257
candidate	105
capable	137
capacity	91
capital	92
carbon dioxide	253
carry on	196
carry out	163
catch sight of	196
catch up with	163
cattle	123
cause	26, 101
cautious	139
cease	48
ceiling	109
cell	101
certificate	100
chance of rain	262
change *one's* mind	163
charge	14

charity	105
chase	63
cheat	57
checkup	114
chemical	151
chemistry	271
chilly	262
circumstance	73
civil war	260
civilization	259
clap	57
classification	120
claw	119
clerk	85, 266
client	81
climate change	253
clothing	78
cloudy	262
coast	263
coincidence	106
cold	257
collapse	61, 109
colleague	113
come across	164
come to light	196
come up with	164
command	62, 118
committee	104
common	138
community	81
commute to	179
compare	21
compensate	37
compete	49
competition	71

>> INDEX

competitor	265
complaint	75
complete	23
completely	136
complex	141
complicated	151
compose	57
compromise	40
concentrate on	164
concentration	253
concern	82
conclude	41
concrete	143
conduct	34
conference	105
confess	51
confidence	70
confident	129
confidential	129
confirm	28, 265
conflict	95
confront	55
confuse	45
connection	71
consider	16
considerable	143
considerably	144
considerate	143
consideration	90
considering (the fact that) S V	235
consist in	180
consist of	164
constant	133
constantly	133
construct	34

consultant	266
consume	37
consumption	97
contain	50
content	72
continent	263
continue	25
contract	104
contrary to	190
contribute to	164
contribution	88
convenience	90
convenient	130
convert *A* into *B*	196
convince *O* to *do*	219
cooperate	42
coordinate	43
cope with	164
cost	80
costly	148
cough	257
Could you ask him to call me on my cell phone?	249
Could you fill out this form?	240
Could you gift-wrap this, please?	245
Could you give me a plastic bag?	245
Could you give me a wake-up call tomorrow at seven?	242
Could you please put down your tray table?	240
Could you refund this ticket?	244
count on	165
courage	74
crash	66
credit	104

criticize	49	democratic	259
crop	254	deny	42
crowd	83	departure	269
cruel	152	depend on	165
cure	28	deposit	43
curiously	158	depress	59
currency	84	depth	91
current	144	describe	20
currently	144	description	95
custom	91	deserve	27
customs	269	desire	73
cut down on	180	despair	110
cut off	196	despite 名詞	238
		destination	78, 269

D

deal in	180	destroy	260
deal with	180	destruction	109
debate	62	detail	74
decade	79	detect	52
decide to *do*	217	determination	90
declare	259	determine	25
decline	19, 80	development	71
dedicate *A* to *B*	180	device	86
deepen	55	devote *oneself* to	180
defeat	49, 94, 260	diameter	121
defend	40	dictator	259
define	53	direction	78
definite	149	disappointment	98
definition	117	disaster	92, 254
deforestation	254	discover	23
degree	84	discrimination	117
degrees Celsius	253	discuss	16
delay	22	disease	257
deliver	27	dishonest	153
demand	27, 265	dismiss	54
		display	30

>> INDEX

distance	78
distinguish *A* from *B*	181
distribute	35
district	98
disturb	46
divide *A* into *B*	197
dizzy	257
do away with	165
do damage to	197
do without	181
Do you accept traveler's checks?	245
Do you have this jacket in size 10?	244
document	80
donate	43
don't dare (to) *do*	227
dormitory	115
doubt	15
doubtfully	157
drastically	145
draw out	197
drawing	122
drop 人 a line	197
drought	254
due to	172
dull	150

E

eager	154
eagerly	155
earn	32
earthquake	263
ease	43
eco-friendly	253
ecology	271
economics	271

ecosystem	253
edge	107
edit	47
edition	103
educator	266
effect	77
effective	130
effort	76
Egyptian	259
elbow	256
electricity	253
electronics	271
element	117
eliminate	61
embarrass	59
emergency	109
emit	253
emotion	74
emphasize	49
empire	259
employ	30
employee	266
employer	266
empty	128
enable	15
encounter	49
encourage	14
end up	181
endanger	61
endangered species	254
endlessly	156
enemy	260
enforce	41
engineer	266
enjoy *do*ing	220

279

enrich	60	expand	36
enroll	60	expect	17
ensure	41	expect to *do*	217
entertain	21	expenses	82
entire	143	experience	76
envelope	83	experiment	100
environment	253	expert	105
equipment	86	explain	25
era	259	exploration	117
eruption	263	explore	35
escape	44	explosion	254
especially	155	export	32
essential	127	expose	60
establish	50	expression	72
estimate	16	extend	40
ethics	271	extension	103
evaluate	33	extensive	138
even though S V	229	extinction	119
eventually	136	extra	256
every other day	211	extreme	153
evidence	73	extremely	153
evolution	108, 253	eyesight	111

F

exactly	135
exaggerate	55
examine	29
exceed	46
exception	109
exchange *A* for *B*	181
Excuse me, could you tell me how to get to the Mary Department Store?	243
exhaust	37
exhaust gas	253
exhibit	85
existence	108

facility	86
factor	102
fail to *do*	217
faithful	151
fall on	197
fall through	197
fame	96
famine	119
far from (being) 形容詞	238
fare	79
fascinate	33

≫ INDEX

fasten	56
fat	256
favorable	126
feature	51, 103
fee	80
feedback	116
fight	260
figure	85
figure out	181
find [think] it 形容詞 to do	225
fine	115
finish doing	220
fit	28
flatten	66
flatter	59
flexible	139
flood	254
flu	257
focus on	165
fog	262
follow one's lead	198
for ages	181
for certain	172
for fear that S may [might] do	229
for good	182
for instance	172
for the sake of	172
for the worse	198
force O to do	219
forecast	41
formerly	133
formulate	64
fortunate	132
fortunately	132
forward	265

fossil fuels	254
found	53
founder	266
fracture	257
fragile	150
frame	256
frankly speaking	236
free of charge	173
freeze	47
freezing	262
frequently	135
fund	103
furious	140
furniture	78
furthermore	146

G

gap	102
garbage	254
general	260
generally	135
generate	60
generous	137
genetics	271
geography	271
geometry	271
get along with	182
get by	182
get down to	182
get in one's way	198
get O 過去分詞	230
get over	198
get rid of	166
get sick of	198
get [be] accustomed to doing	165

get [be] used to doing	165	heel	256
get [keep] in touch with	166	Hello. This is Mike from ABC Trading. May I ask who is calling?	248
give up	166	hesitantly	147
give ~ for nothing	198	hesitate	20
Given A	234	hesitation	93
glance at	182	hide	45
global warming	253	hit on	200
go ahead with	199	hold one's tongue	200
go through	182	hope to do	217
government	259	hormonal	256
gradually	134	hospitality	99
Greek	259	Hot water doesn't come out.	242
greenhouse gas	253	household	107
guarantee	100	How about trying that new French restaurant next to the post office?	247
guess	16	How long does it take to send this parcel to Japan by airmail?	245

H

habit	76	How much do I have to pay to check in this bag?	240
habitual	143	How much do I owe you?	242
had better do	226	How much do you charge to open an account?	245
hand down	199	How much is the fare to the airport?	243
hand in	183	How would you like your money?	241
hand out	199	however	145
hardship	119	humidity	262
harm	254	hybrid	253
have an effect on	199		
have an impact on	199		
have O 過去分詞	230		
have second thoughts	199		
have trouble doing	183		
He is on another line. Please hold on a second.	248		
heal	27		
healthy	256	I am writing to express my gratitude.	267
heavy rain	262		

I

INDEX

I feel cold. May I have an extra blanket? 240
I guess I was overcharged. 242
I had a flat tire this morning; that's why I was late. 244
I have a reservation. I'd like to check in. 242
I missed the shuttle bus. How often does it run? 243
I think I got lost. 244
I was caught in a traffic jam and I didn't make it to the meeting on time. 244
I wonder if S can [could] *do* 227
I'd appreciate it if you could give me a ride to the head office. 248
I'd like some small change. 241
I'd like the steak well done. 246
I'd like to change 50,000 yen into U.S. dollars. 241
I'd like to extend my check-out time until five tomorrow. 242
I'd like to make a reservation for two at seven o'clock tonight. 246
I'd like to reserve a table with a view. 246
I'd love to, but I have another appointment. 247
I'll draw a map for you. 243
I'll transfer your call. 248
I'll treat you. 246
I'm calling about the change of the meeting place and time. 249
I'm calling because I want you to pick me up at the airport. 249
I'm calling to let you know that I'll be late. 249
I'm calling to make an appointment. 249
I'm here on business. 240
icy 262
identification 102
identify 37
If S_1 had 過去分詞 , S_2 would [should, could, might] have 過去分詞 232
If S_1 過去形 , S_2 would [should, could, might] *do* 232
If S should *do* 233
If S were to *do* 232
ignore 19
illusion 121
illustration 102
image 91
imitate 59
immediately 134
immigration 269
imply 34
impress 33
impression 73
improve 19
in a row 211
in advance 173
in case S should *do* 229
in charge of 173
in common 173
in contrast to 173
in danger of 190
in depth 190
in detail 173
in fact 174

in general	174	injection	257
in honor of	174	injury	77
in other words	174	inland	263
in particular	190	innocent	150
in private	211	inquiry	265
in public	174	insect	119
in response to	265	insecure	152
in return for	212	insert	62
in short	174	inspire	33
in spite of	175	install	54
in terms of	175	instead of	175
in that	229	instruct	42
in the first place	190	instructor	266
in the meantime	212	instrument	85
in turns	190	insurance	101
in use	191	intention	72
in vain	212	interpret	48
in view of	212	interpreter	266
income	82	interrupt	48
inconvenience	91	interruption	120
increase	18	interval	120
incredible	153	investigate	38
incredibly	154	investment	103
indeed	146	Is coffee included in the set menu?	246
independence	108		
indicate	31	Is there a landmark near the department store?	243
indication	107		
individual	139	Is this line for non-residents?	241
Industrial Revolution	259	issue	102
industry	84	It follows that S V C	224
infectious disease	257	It is not until A that S V	226
influence	39	It occurred to 人 that S V C	224
inform	265	It turns out that S V C	224
ingredient	87	It won't be long before S V	225
inhabit	42	item	265

≫ INDEX

J

jealous	151
jealousy	120
judge	24
judging from	236
judgment	90
justify	34

K

keep an eye on	200
keep *do*ing	220
keep *one's* fingers crossed	200
keep *one's* head	200
keep *one's* word	183
keep up with	166
kick out of	200
kidney	256
kill time	201
knock down	201
know better than to *do*	231

L

laboratory	117
lack	29
land	269
landfill	254
landmark	118
landscape	79
latter	131
launch	34
lawyer	266
lay off	183
layer	121
lead to	201

legend	98
lengthen	56
let alone	175
let go of	201
Let's take a walk for a change.	247
liberal arts	271
limit	46
limitation	121
linguistics	271
literature	271
littering	254
live up to	183
liver	256
load	52
logging	254
look back on	183
look into	184
look up to	166
look 人 in the face	201
loosen	56
lose *one's* temper	184
lose weight	256
loss	85
lost and found	269
low pressure	262
lower	39
low-lying area	263
lung	256
luxury	97

M

mainly	135
maintain	24
maintenance	101
major	128

285 ◀

major in	166		mechanics	271
make a contribution to	201		medicine	271
make a distinction between A and B	202		medieval	259
			meet a deadline	203
make a fool of	184		meet back	270
make a profit	184		meet *one's* needs	185
make an attempt to *do*	184		meet requirements	203
make believe	202		mentally	146
make do with	202		metabolism	256
make fun of	184		metal detector	269
make light of	202		mind *doing*	220
make *one's* way through	202		miserable	142
make *oneself* understood	230		moist	262
make progress	184		monument	118
make sense of	202		moreover	155
make sure	167		mostly	135
make the most of	185		motion	88
make time	203		mud	122
make up	203		murder	260
make up for	167		muscle	256
make up *one's* mind	167		must have 過去分詞	227
make use of	167		mysterious	130
manage to *do*	216			
manager	266		**N**	
manufacture	34		narrow	127
manufacturer	114		natural resources	253
mark	66		nauseous	257
masculine	256		navigate	58
material	85		nearly	156
mathematics	271		neat	139
mature	149		needless to say	191
may as well *do*	227		negative	142
mayor	82		neglect	47
means	102		negotiate	31
measure	58		negotiation	265

▶ 286

INDEX

nevertheless	146
no longer	175
no sooner had S 過去分詞 than	234
no wonder S V	237
not less than A	231
not so much A as B	231
not to mention A	191
nothing but	212
nothing is 比較級 than A	231
notice	83
noticeable	137
nutrition	86

O

object	95
objection	95
objective	152
observation platform	270
observatory	262
observe	29
obtain	28
obvious	128
occasion	70
occasionally	134
occupy	52
occur	29
of help	212
of no use	213
offend	44
offer	18
official	127
on and off	213
on average	213
on behalf of	175
on duty	191

on purpose	176
on the condition that S V	233
on the move	213
once in a while	191
only to find that S V	222
operate	26
opponent	94
opportunity	70
oppose	17
opposite	142
opposition	75
option	89
ordinarily	144
organize	50
otherwise S V	234
Our hours are from 9:00 to 5:00.	250
out of control	176
out of order	176
out of place	191
out of shape	213
out of stock	265
outcome	77
outlook	116
outweigh	64
overcast	262
overcome	55
overdo	64
overlook	64
oversee	58
overturn	65
owing to	176
ozone layer	253

P

pack	52

pain killer	257	physics	271
palm	256	pick out	204
participate in	167	pick up	168
particularly	155	place an order	265
pass away	167	plain	99
pass by	203	planet	92
passenger	269	play the role of	204
passionate	149	point out	269
passive	149	poisonous	254
patient	257	politely	147
patiently	158	politics	271
patronage	265	pollution	253
pause	89	popularity	106
pay a visit to	203	position	104
pay off	168	positive	142
pay well	204	possess	49
peak	67	postpone	22
penalty	105	potential	129
peninsula	263	praise	32
percentage	91	precaution	110
perform	40	precious	148
performer	266	precipitation	262
period	83	precise	132
permanent	142	precisely	132
permission	96	predict	30
permit	14	prediction	115
personnel department	266	preference	120
persuade *O* to *do*	219	preparation	99
persuasion	106	prepare	22
pharmacy	271	prescription	87
phenomenon	101	presently	156
philosophy	108, 271	preserve	35
physical	154	president	266
physically	154	press	103
physician	257	pretend to *do*	216

▶ 288

>> INDEX

prevent	20
previous	133
previously	133
primarily	145
principal	115
principle	111
professor	266
profitable	131
prohibit	46
promise	25
promise to *do*	218
promising	130
promote	32
proportion	111
propose	30
protect	253
protection	110
protective	150
protest	44, 110
prove	38
provide	15
provided [providing] that *S V*	234
psychology	271
public	127
publish	47
pull over	185
pull together	204
punish	45
punishment	105
purchase	37
put an emphasis on	204
put aside	204
put away	205
put forward	205
put off	168
put out	205
put together	205
put up with	168

Q

qualification	112
qualify	38
quality	86
quit *do*ing	220

R

randomly	156
rapidly	134
rare	154
rarely	154
RE	265
reach out for	205
react	63
realize	24
reasonable	141
recall	58
receipt	80
reception	116
recipe	107
recognition	96
recognize	24
recommend	18
recover	31
recycle	254
reduce	18
reduction	92
refer to	168
reflect	36
reflection	98
reform	50

refrain from	269	republican	259
refrigerator	96	reputation	106
refund	114	resident	81
refuse	22	resign	54
refuse to *do*	218	resist *do*ing	220
regain	65	respect	25
region	98	respond	27
register	35	response	98
regret *do*ing	221	restore	58
regret to *do*	221	restrict	53
regulation	115	result	77
reject	42	result in	169
rejection	110	resume	60
relate	62	retailer	265
relative	81	retirement	113
relatively	156	reveal	26
release	35	reverse	65
reliable	132	review	41
relief	100	revise	39
relieve	43	revolution	95
rely on	168	reward	112
remain	22	rheumatism	257
remember *do*ing	221	rob *A* of *B*	185
remember to *do*	221	Roman	259
remind *A* of *B*	169	room	74
remove	36	rotate	66
Renaissance	259	routine	93
renewable energy	253	row	122
renovate	50	rub	68
repeat	20	ruin	61
replace	31	rumor	76
replacement	113	run over	205
reply	265	run short of	185
represent	38	run through	206
representative	115	runny nose	257

S

sales department	266
sales representative	266
satisfaction	97
scar	122
scarcely	133
scenery	118
scold	45
scratch	67
sea level	254
seal	64
search for	185
security	99
seem to *do*	216
seen from	235
sell off	206
sensible	149
sensitive	149
separate *A* from *B*	254
serious	153
serve	30
set off for	206
settle down	186
severe	139
Shall we meet in front of the Sunrise Hotel?	247
shiny	262
ship	265
shortage	97
shorten	56
shortly	134
should have 過去分詞	227
show off	206
show up	186
shower	262
shrink	256
signature	104
significantly	145
similarity	116
similarly	157
sit back	206
sit up	186
site	100
situation	73
skillfully	157
slightly	156
snowfall	262
so long as *S V*	228
so that *S* can [may] *do*	228
so *V S*	235
so 形容詞／副詞 as to *do*	222
social	138
sociology	271
solar power	253
solution	94
solve	17
somehow	157
sorrow	74
so 形容詞／副詞 that *S V*	228
source	72
souvenir	270
speak ill of	186
species	118
spill	65
spoil	39
spread	41
spread out	206
stable	130
stand	27
stand by	207

stand out	207
stand up for	207
starve	65
statistics	271
stay in shape	257
stay up	207
stick to	186
stir	64
stomach	256
store	52, 256
straighten	56
strategy	116
strength	71
strictly	136
strictly speaking	236
struggle	52
subject	265
subscribe	26
substance	108
substitute	40, 117
succeed	23
suddenly	134
suffer from	169
suggest	18
suggestion	90
suitable	126
summarize	48
sunny	262
superior	141
supervisor	266
supply	265
support	15
surface	77
surgeon	257
surgery	86

surrender (*oneself*) to	207
survey	96
suspicion	111
suspicious	141
swallow	63
swing	67
symptom	77, 257

T

take a nap	207
take account of	187
take action	208
take advantage of	169
take after	169
take apart	208
take away	208
take back	208
take down	208
take hold of	208
take in	208
take notice of	209
take off	269
take *one's* place	187
take *one's* time to *do*	209
take out	209
take over	187
take over control	259
take part in	169
take pictures and videos	269
take place	170
take up	209
take ~ for granted	186
task	112
tax-free	270
taxi stand	270

temperature	253
temporarily	144
temporary	144
tend to *do*	217
tendency	76
territory	121
The air conditioner doesn't work.	242
the last 名詞 (that) S V	237
The navy blue necktie matches your gray suit.	245
The next bus won't leave for another hour.	243
The price is a little too high.	245
The toilet doesn't flush.	242
theme	84
theory	84
There is no *doing*	223
There is no doubt	223
There is no hope	223
There is no need to *do*	223
There is no point in *doing*	223
therefore	146
thermometer	262
think over	209
think [find] it 形容詞 that S V	225
This e-mail is a recommendation for Linda Smith.	267
This is my confirmation slip.	242
This is Yoko Yamada speaking from XYZ Insurance. May I speak with Ms. Smith?	248
This letter confirms your registration for our marketing seminar.	267
thread	121
threat	119
threaten	46
thrill	63
thumb	256
thunderstorm	262
tidal wave	263
tighten	56
timber	254
to be frank with you	192
to *one's* regret	192
to some extent	192
to tell the truth	192
toe	256
tolerate	36
tornado	263
torrents	263
touch	269
touch on	209
tourist	270
toxic	254
trace	66
transfer	44
transform	67
translate	47
transplant	67
transport	44
transportation	79
trash	254
treat	21
tremble	67
trend	97
trust	29
Try on some jackets to see if they fit.	245
turbulence	269
turn *A* away form *B*	209

turn A into B	187
turn down	187
turn in	187
turn off	188
turn out (to be)	188
turn up	188
typhoon	263
typical	130

U

unaware	152
uncomfortable	152
under construction	192
undertake	58
unexpectedly	147
unfair	152
unfortunately	132
unique	127
unite	62
unless S V	233
unsuitable	153
upset	53, 140
urge O to do	219
urgent	131
utilize	51

V

vacant	140
vaccination	257
vague	140
valley	263
value	33, 72
vanish	61
vary	60
vehicle	79
vice	122
vice president	266
virus	101
visible	150
vital	138
volcano	123
vote for	210

W

wage	112
warn	20
warning	89, 262
waste	92
waste collection	254
wave	57
We are closed on Wednesday.	250
We would like to invite you to make a presentation.	267
wealthy	148
wear out	210
weather forecast	262
weather satellite	262
What do you recommend?	246
What do you say to joining our drama club?	247
What is the exchange rate?	241
What is today's special?	246
What time will you have a table available?	246
What's the purpose of your visit?	240
when it comes to	192
whenever 人 like	237
Where can I find the foreign currency exchange?	241
whether ～ or not	228

whisper ··· 48
wholesaler ··· 265
Why don't we get together next Saturday? ··· 247
wind power ··· 253
wind speed ··· 262
wisdom ··· 108
with 名詞句 ··· 233
with ease ··· 193
with O 過去分詞 ··· 236
with O doing ··· 236
with pleasure ··· 193
with regard to ··· 265
withdraw ··· 36
work out ··· 210
worsen ··· 61
would rather A than B ··· 226
would rather do ··· 226
Would you like an aisle or a window seat? ··· 240
Would you mind checking my report? ··· 248
Would you please cash these traveler's checks? ··· 241
Would you please put me through to Mr. Smith? ··· 248
wrist ··· 256

X

X-ray ··· 257

Y

You have reached Sunny Happiness Animal Hospital. ··· 249

You should have turned left at the last traffic light. ··· 244

●著者紹介

柴山かつの　Katsuno Shibayama

オフィスレム顧問。日米英語学院および多くの大学・企業での英検、TOEIC の講師歴が豊富。特に英検は 25 年の指導歴を持つ。実用英検 1 級、通訳ガイド国家試験保持。著書に『新 TOEIC TEST 総合スピードマスター 入門編』（共著、J リサーチ出版）、『TOEIC Bridge スピードマスター』（J リサーチ出版）、『あなたも通訳ガイドです　英語で案内する京都』『あなたも通訳ガイドです　英語で案内する東京・鎌倉・日光』（ジャパンタイムズ）など多数。

カバーデザイン	滝デザイン事務所
本文デザイン／DTP	朝日メディアインターナショナル株式会社
校正協力	Paul Dorey
イラスト	みうらもも
CD 録音・編集	（財）英語教育協議会（ELEC）
CD 制作	高速録音株式会社

英検 2 級英単語スピードマスター

平成 23 年（2011 年）7 月 10 日発売　初版第 1 刷発行

著　者	柴山かつの
発行人	福田富与
発行所	有限会社　J リサーチ出版
	〒 166-0002　東京都杉並区高円寺北 2-29-14-705
	電話 03（6808）8801（代）　FAX 03（5364）5310
	編集部 03（6808）8806
	http://www.jresearch.co.jp
印刷所	（株）シナノ・パブリッシング・プレス

ISBN978-4-86392-065-1　禁無断転載。なお、乱丁・落丁はお取り替えいたします。
© Katsuno Shibayama, All rights reserved.